초등영어 읽기독립

파닉스 2
Phonics

1 단계

재능많은
영어연구소
지음

휴먼
어린이

초등영어 읽기독립 1단계
"40일만 따라 하면 술술 단어가 읽혀요!"

파닉스 2(모음) 구성

1 모음을 잡아야 단어가 읽힌다!

파닉스란 소리와 문자를 연결하여 글자를 보고 정확하게 읽을 수 있게 도움을 주는 공부예요.
파닉스에서 자음은 몇몇 경우를 제외하고 하나의 소리만 내는 경우가 많은 반면, 모음은 경우에 따라 완전히 다른 소리를 내요. 이것이 파닉스에서 모음을 어려워하는 이유이기도 해요.
모음 파닉스를 집중해서 익히면 '스스로 읽는' 기초를 다질 수 있어요.

2 워드 패밀리(Word Family)로 문자 패턴을 이해하고 읽기

알파벳 원리를 이해하고 단어를 읽는 단계에서 공통적으로 겪는 어려움은 각 문자의 소리를 기억하지 못한다는 것이죠. 이 어려움을 최소화하기 위해서는 단어의 첫소리(onset)와 첫소리를 제외한 나머지 부분(rime)을 나눠 패턴화하면 단어를 쉽게 조합해 읽을 수 있어요.

49개의 발음 패턴으로 650개의 기초 단어들이 파생되기 때문에 초기 읽기 학습자들이 보다 쉽게 단어를 조합하여 많은 단어를 읽어 낼 수 있어 읽기에 자신감을 가질 수 있습니다.

단모음	단모음에서는 모음의 대표 소리 a, e, i, o, u 가 자음과 어우러져 만드는 발음 패턴을 배워요.
장모음	자음과 함께 장모음(에이, 아이, 오우, 유우, 이-) 단어들을 읽고 문장 안에서 그 의미를 이해해요.
이중모음	이중모음은 연속되는 두 개의 모음이 하나의 다른 소리를 만드는 것으로 빈출 빈도가 높은 이중모음 단어들을 통해 연습하고 읽어요.
-r모음	모음 뒤에 자음 r이 함께 붙어 새로운 소리를 만드는 패턴을 배워요.

이렇게 만들었어요!

3 매일매일 읽기 독립! 자연스럽게 이루어지는 학습 계획

부담 없는 하루 학습량과 명확한 목표에 맞는 학습 계획으로 집중력 향상과 읽기의 성장을 바로바로 확인할 수 있어요.

학습일	파닉스 1	학습일	파닉스 2			
1일	A, B	1일	Unit 1	-at	-am	
2일	C, D	2일	Unit 2	-ap	-an	
3일	E, F	3일	Unit 3	-en	-et	
4일	G, H	4일	Unit 4	-ed	-eg	
5일	Review 1	5일	Unit 5	Wrap-up 1		
6일	I, J	6일	Unit 6	-ig	-ip	-in
7일	K, L	7일	Unit 7	-it	-id	-ix
8일	M, N	8일	Unit 8	-ot	-op	-ox
9일	O, P	9일	Unit 9	-ug	-ut	-un
10일	Review 2	10일	Unit 10	Wrap-up 2		
11일	Q, R	11일	Unit 11	-ake	-ate	-ape
12일	S, T	12일	Unit 12	-ine	-ire	-ike
13일	U, V	13일	Unit 13	-one	-ose	-ole
14일	w, x, y, z / Review 3	14일	Unit 14	-une	-ute	-ube
15일	총정리	15일	Unit 15	-ie	-y	
16일		16일	Unit 16	Wrap-up 3		
		17일	Unit 17	-ay	-ai	
		18일	Unit 18	-ee	-ea	
		19일	Unit 19	-oa	-ow	
		20일	Unit 20	-oi	-oy	
		21일	Unit 21	-oo	-ou	
		22일	Unit 22	-ar	-or	
		23일	Unit 23	-er	-ir	-ur
		24일	Unit 24	Wrap-up 4		

초등영어 읽기독립 1단계

파닉스 2(모음) 특징

1 모음과 다른 알파벳 연결 패턴 알기

모음과 다른 알파벳이 만나서 만들어지는 발음의 패턴을 퍼즐처럼 조립해 보여 줍니다. 49가지 모음 발음 패턴을 시각화해 보여 줌으로써 낯선 단어를 만나도 빠르게 패턴을 찾을 수 있도록 도와요.

QR코드를 찍으면 오늘 배울 내용을
원어민의 정확한 발음으로 들을 수 있어요!

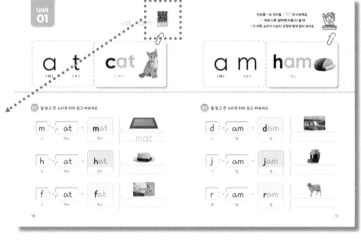

2 파닉스 패턴 익히기

49개의 발음 패턴으로 단어를 조합하여 650개의 기초 단어를 쉽게 읽을 수 있어 읽기에 자신감을 가질 수 있어요. 모음과 연결되는 발음 패턴을 줄 긋기, 이미지를 보고 찾아 쓰기 등 다양한 방식으로 조합하고 따라 쓰면서 단어를 완성하다 보면 발음이 조합되는 과정을 제대로 이해할 수 있어요.

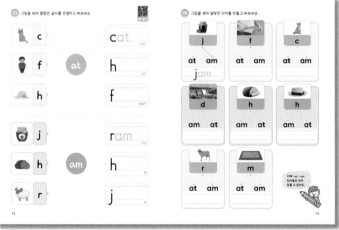

이렇게 배워요!

3 문장 속에서 연습하기

배운 단어들을 초등 교과서에 수록된 문장에서 다시 읽고 써 보는 연습을 해요. 파닉스 패턴 단어와 사이트 워드는 단어 읽기에서 문장 읽기로 확장하는 핵심 역할을 하기 때문이에요.

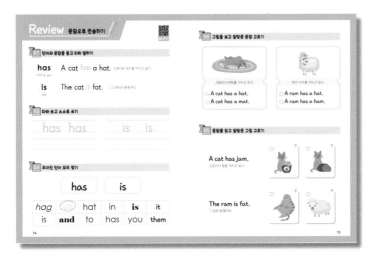

4 파닉스 총정리 - 누적 반복 훈련

자음과 모음이 조합되는 패턴을 소리 → 철자 → 단어 → 문장 순으로 여러 번 읽고 쓰면서 완벽하게 복습할 수 있어요.

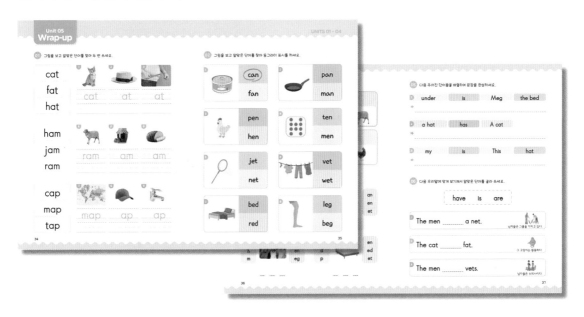

초등영어
3단계만 따라 하면
읽기독립이 된다!

하루 15분

1단계
단어 읽기

파닉스 1, 2

2단계
문장 읽기

사이트 워드

3단계
긴 글 읽기

리딩 스타터 1, 2

1단계 　**파닉스 1, 2**　　　　40일만 따라 하면 단어가 읽힌다.

단어 읽기

파닉스 규칙 1
알파벳

파닉스 규칙 2
모음

파닉스로
낱글자에서 단어 읽기까지!
파닉스 떼기

파닉스 : 알파벳

글자 인지

음가 구별

글자 읽기

1단계 파닉스 알파벳으로 글자 읽기!

파닉스 : 모음

단/장모음

이중 모음

단어 읽기

1단계 파닉스 모음으로 단어 읽기!

2단계 사이트 워드

30일만 따라 하면 문장이 읽힌다.

문장 읽기

사이트 워드
단어 뜻과 활용

사이트 워드
단어 활용
초등 표현
문장 읽기

2단계 사이트 워드로 문장 읽기!

사이트 워드로 문장 읽기!
사이트 워드 120개, 초등 필수 문장 180개 학습

3단계 리딩 스타터 1, 2

28일만 따라 하면 긴 글이 읽힌다.

긴 글 읽기

읽기 첫 독립 1
기능어

읽기 첫 독립 2
문장 규칙

주제 단어
기능어
문장 규칙
단락 읽기

3단계 기능어로 첫 읽기 도전!

주제 단어
문장 규칙
문장별 확인
단락 이해하기

3단계 문장 규칙으로 첫 읽기 도전!

**문장 규칙으로
혼자 읽기까지!**
초등 3, 4학년 필수 영단어와 문장 규칙 학습

CHAPTER 01

Vowels & Sounds

단모음

-at
-am

-ap
-an

-en
-et

-ed
-eg

Unit 01

| a t | -at | cat |
| a m | -am | ham |

Unit 02

| a p | -ap | cap |
| a n | -an | can |

Unit 03

| e n | -en | pen |
| e t | -et | jet |

Unit 04

| e d | -ed | bed |
| e g | -eg | leg |

☑ 일별 체크리스트

Unit 01

_____ 월 _____ 일

나의 평가는?
☆ ☆ ☆ ☆ ☆

Unit 02

_____ 월 _____ 일

나의 평가는?
☆ ☆ ☆ ☆ ☆

Unit 03

_____ 월 _____ 일

나의 평가는?
☆ ☆ ☆ ☆ ☆

Unit 04

_____ 월 _____ 일

나의 평가는?
☆ ☆ ☆ ☆ ☆

Unit 5 Wrap-up

_____ 월 _____ 일

나의 평가는?
☆ ☆ ☆ ☆ ☆

이렇게 함께 해요.

☑ 공부할 날짜 쓰기

☑ 공부할 QR을 찍고 음원 듣기

☑ 공부가 끝나면 내가 칠한
　별 개수로 칭찬하기

오늘 나의 기분은?

MEMO

_____

_____

_____

_____

-at -am

QR 듣기

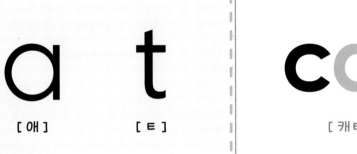

a
[애]

t
[ㅌ]

cat
[캐ㅌ]

01 잘 듣고 큰 소리로 따라 읽고 써 보세요.

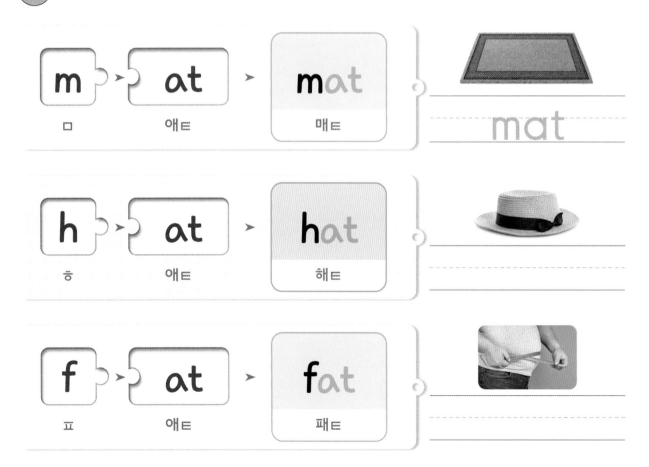

m
ㅁ

at
애ㅌ

mat
매ㅌ

mat

h
ㅎ

at
애ㅌ

hat
해ㅌ

f
ㅍ

at
애ㅌ

fat
패ㅌ

단모음 a는 우리말 /애/와 비슷해요.
a 뒤에 다른 알파벳(자음)이 올 때
a가 어떤 소리가 나는지 규칙에 맞게 읽어 보아요.

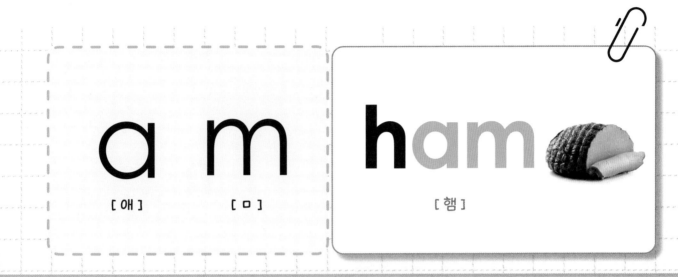

a m
[애] [ㅁ]

ham
[햄]

02 잘 듣고 큰 소리로 따라 읽고 써 보세요.

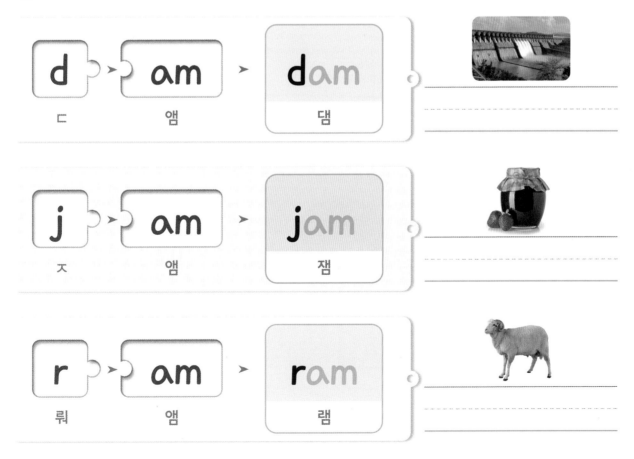

d > am > dam
ㄷ 앰 댐

j > am > jam
ㅈ 앰 잼

r > am > ram
뤄 앰 램

11

03 그림을 보며 알맞은 글자를 연결하고 써 보세요.

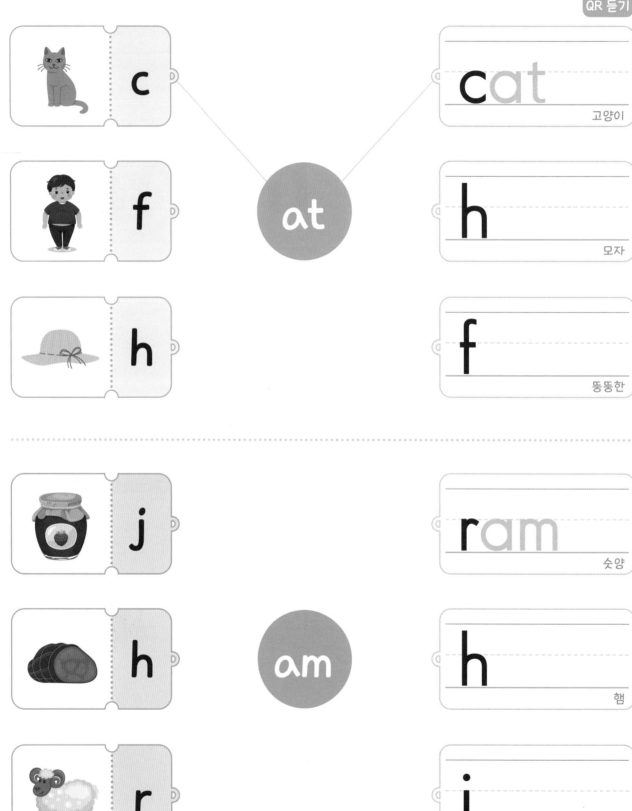

c

f

h

at

cat
고양이

h
모자

f
뚱뚱한

j

h

r

am

ram
숫양

h
햄

j
잼

12

04 그림을 보며 알맞은 단어를 만들고 써 보세요.

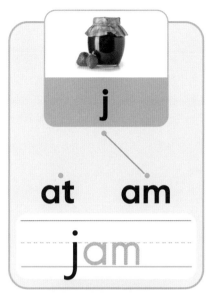

j

at   am

jam

f

at   am

_____

c

at   am

_____

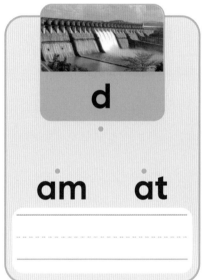

d

am   at

_____

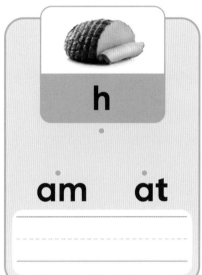

h

am   at

_____

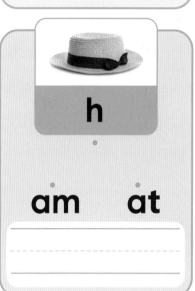

h

am   at

_____

r

at   am

_____

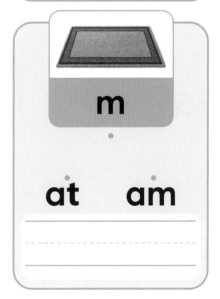

m

at   am

_____

이제 ~at, ~am
단어들은 모두
읽을 수 있어요.

13

Review 문장으로 연습하기

01 단어와 문장을 듣고 따라 말하기

has
(가지고) 있다

A cat has a hat. 고양이는 모자를 가지고 있다.

is
(하)다

The cat is fat. 그 고양이는 뚱뚱하다.

02 따라 쓰고 스스로 쓰기

has has   is   is

03 주어진 단어 모두 찾기

has   **is**

hag	has	hat	in	**is**	it
is	**and**	to	has	you	them

14

그림을 보고 알맞은 문장 고르기

고양이가 매트를 가지고 있다.

☐ A cat has a hat.
☐ A cat has a mat.

양이 모자를 가지고 있다.

☐ A ram has a hat.
☐ A ram has a ham.

문장을 읽고 알맞은 그림 고르기

A cat has jam.

고양이가 잼을 가지고 있다.

The ram is fat.

그 양은 뚱뚱하다.

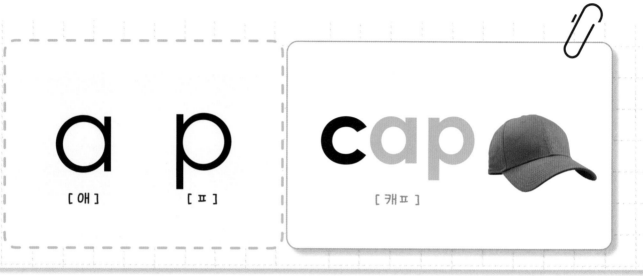

a [애]   p [ㅍ]   cap [캐프]

01 잘 듣고 큰 소리로 따라 읽고 써 보세요.

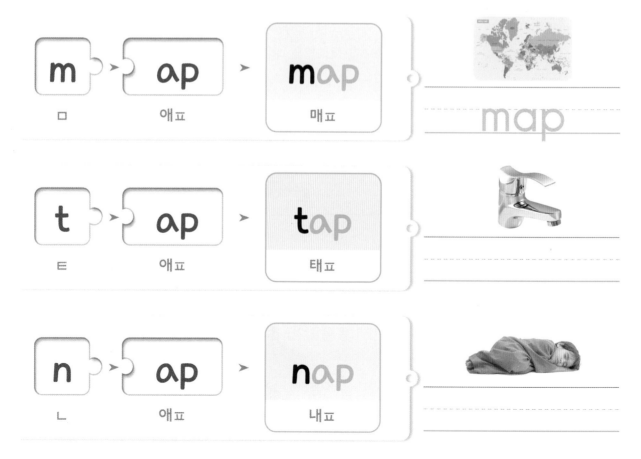

m (ㅁ) → ap (애ㅍ) → map (매ㅍ)

map

t (ㅌ) → ap (애ㅍ) → tap (태ㅍ)

n (ㄴ) → ap (애ㅍ) → nap (내ㅍ)

단모음 a가 다른 알파벳과 만나면
어떤 소리가 나는지 잘 듣고 따라 해 보아요.

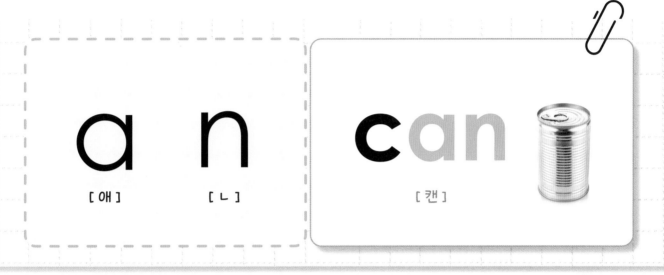

a   n   can

[애]   [ㄴ]   [캔]

02 잘 듣고 큰 소리로 따라 읽고 써 보세요.

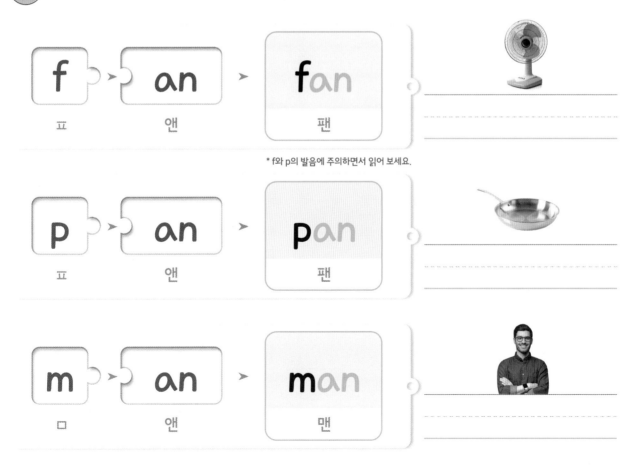

f > an > fan
프   앤   팬

* f와 p의 발음에 주의하면서 읽어 보세요.

p > an > pan
프   앤   팬

m > an > man
ㅁ   앤   맨

그림을 보며 알맞은 글자를 연결하고 써 보세요.

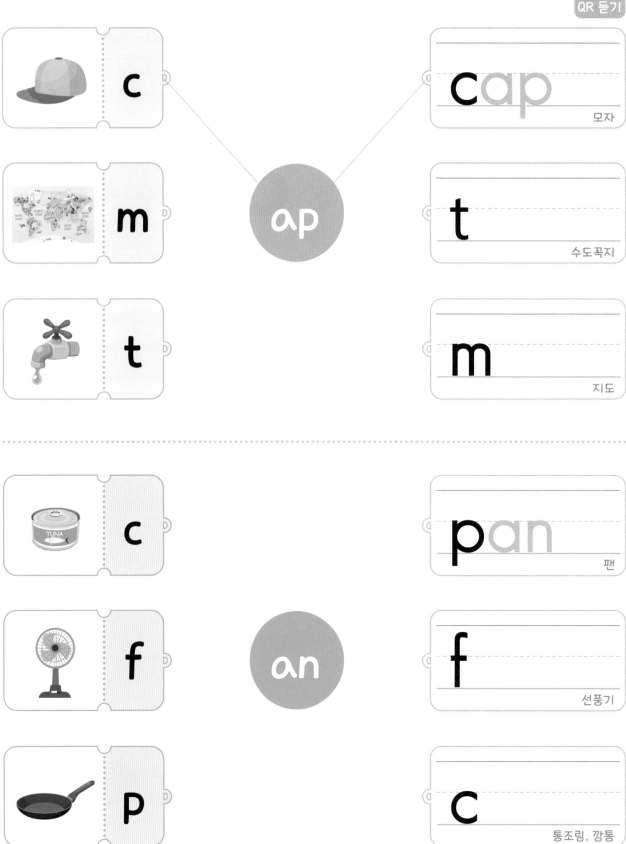

18

그림을 보며 알맞은 단어를 만들고 써 보세요.

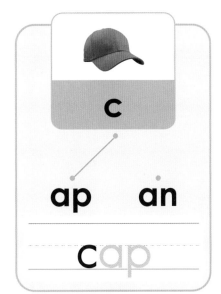

c

ap   an

cap

f

ap   an

t

ap   an

m

ap   an

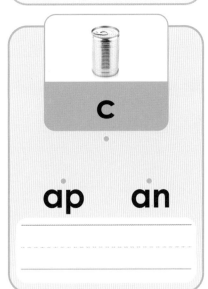

c

ap   an

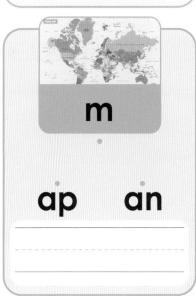

m

ap   an

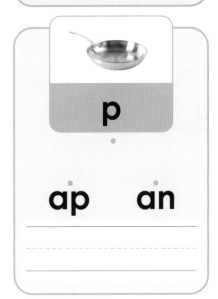

p

ap   an

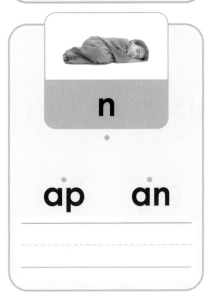

n

ap   an

이제 ~ap, ~an
단어들은 모두
읽을 수 있어요.

19

QR 듣기

01 단어와 문장을 듣고 따라 말하기

this
이것, 이

This is my hat. 이것은 내 모자이다.

my
나의, 내

This is my pan. 이것은 내 팬이다.

02 따라 쓰고 스스로 쓰기

this this

my my

03 주어진 단어 모두 찾기

this		my	

have	has	my	has	**is**	this
this	**and**	to	am	this	my

20

이것은 내 선풍기이다.

☐ This is my fan.
☐ This is my pan.

이것은 내 지도이다.

☐ This is my map.
☐ This is my tap.

This is my can.

이것은 내 통조림이다.

This is my cap.

이것은 내 모자이다.

QR 듣기

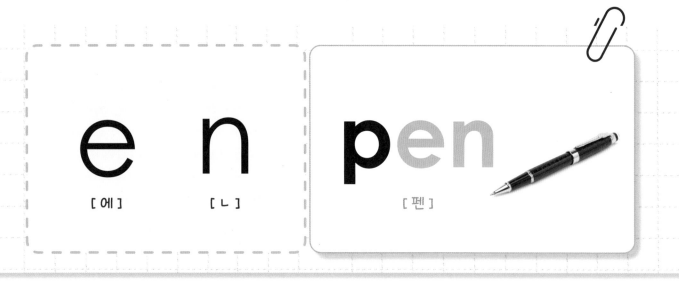

e [에]   n [ㄴ]   p en [펜]

01 잘 듣고 큰 소리로 따라 읽고 써 보세요.

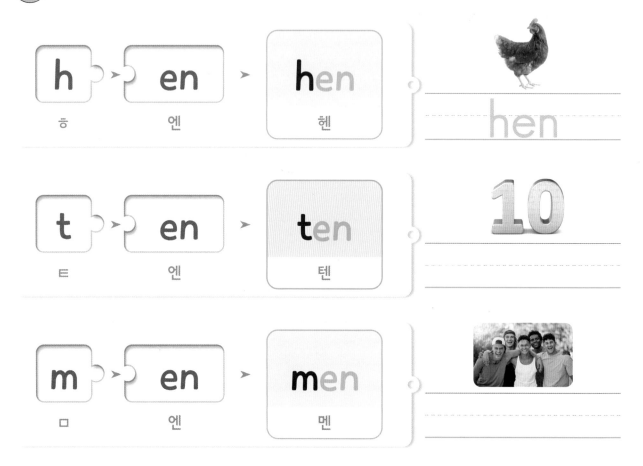

h ㅎ > en 엔 > hen 헨

hen

t ㅌ > en 엔 > ten 텐

m ㅁ > en 엔 > men 멘

단모음 e는 우리말 /에/와 비슷해요.
e 뒤에 다른 알파벳(자음)이 올 때
e가 어떤 소리가 나는지 규칙에 맞게 읽어 보아요.

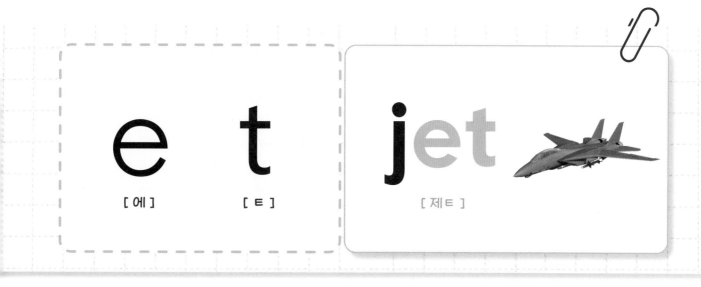

e   t

[에]   [ㅌ]

jet

[제ㅌ]

02 > 잘 듣고 큰 소리로 따라 읽고 써 보세요.

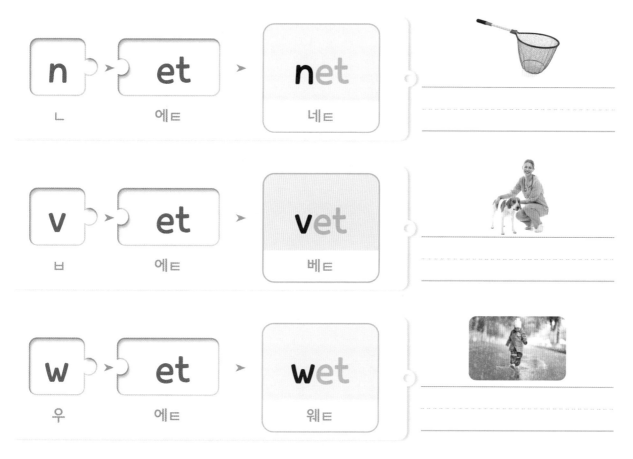

n > et > net

ㄴ   에ㅌ   네ㅌ

v > et > vet

ㅂ   에ㅌ   베ㅌ

w > et > wet

우   에ㅌ   웨ㅌ

03 그림을 보며 알맞은 글자를 연결하고 써 보세요.

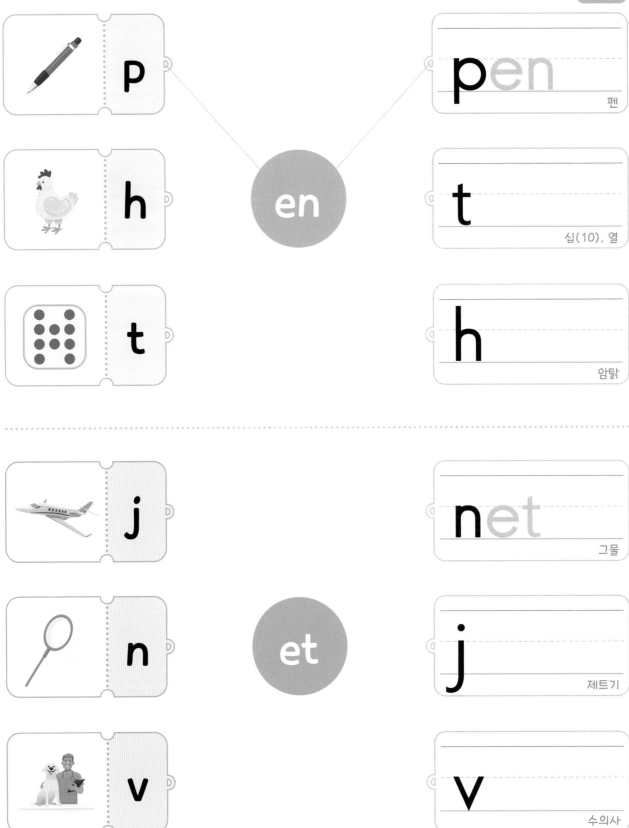

p

h

t

en

p en 펜

t 십(10), 열

h 암탉

j

n

v

et

n et 그물

j 제트기

v 수의사

04 그림을 보며 알맞은 단어를 만들고 써 보세요.

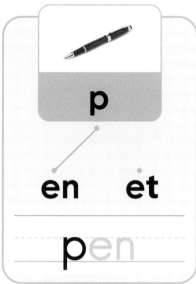

p

en   et

pen

m

en   et

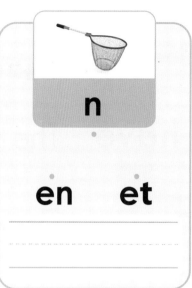

n

en   et

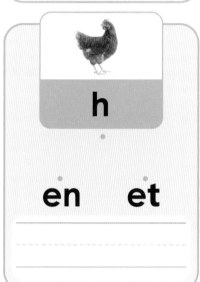

h

en   et

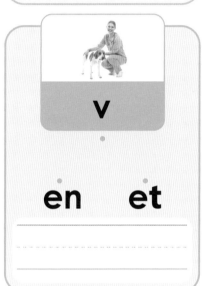

v

en   et

j

en   et

t

en   et

w

en   et

이제 ~en, ~et
단어들은 모두
읽을 수 있어요.

25

QR 듣기

01 단어와 문장을 듣고 따라 말하기

have
(가지고) 있다

The men have a net. 남자들은 그물을 가지고 있다.

are
이다

The men are vets. 남자들은 수의사이다.

02 따라 쓰고 스스로 쓰기

have have

are are

03 주어진 단어 모두 찾기

have   **are**

is	have	see	is	**are**	my
has	**are**	to	has	have	this

04 그림을 보고 알맞은 문장 고르기

남자들은 그물을 가지고 있다.

- ☐ The men have a jet.
- ☐ The men have a net.

남자들은 젖었다.

- ☐ The men are vets.
- ☐ The men are wet.

05 문장을 읽고 알맞은 그림 고르기

The men have ten pens.
남자들은 열 개의 펜을 가지고 있다.

The men are vets.
남자들은 수의사이다.

-ed -eg

QR 듣기

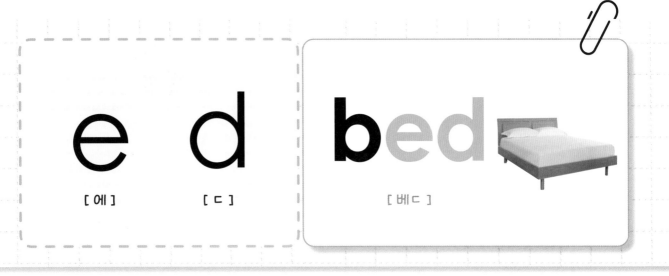

e d

[에] [ㄷ]

b ed

[베드]

---

01 잘 듣고 큰 소리로 따라 읽고 써 보세요.

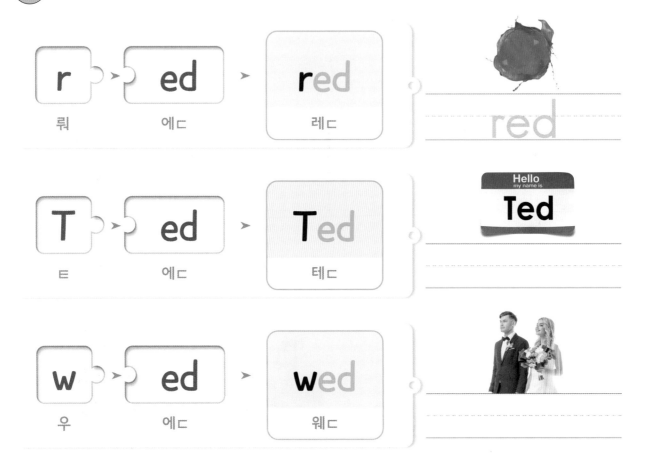

r > ed > red

뤄 에드 레드

red

T > ed > Ted

트 에드 테드

Hello
my name is
Ted

w > ed > wed

우 에드 웨드

단모음 e가 다른 알파벳과 만나면
어떤 소리가 나는지 잘 듣고 따라 해 보아요.

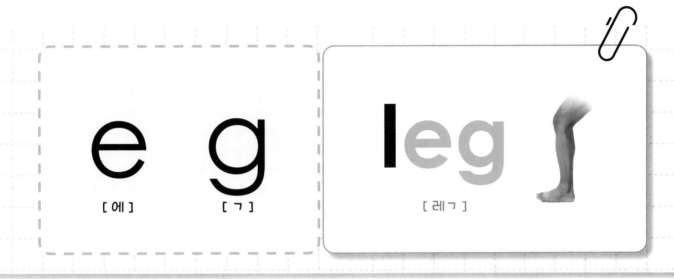

e   g   leg

[에]   [ㄱ]   [레그]

02 잘 듣고 큰 소리로 따라 읽고 써 보세요.

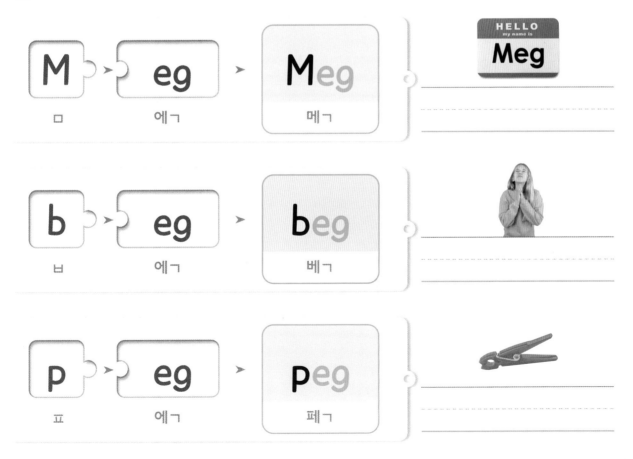

M ▶ eg ▶ Meg
ㅁ   에그   메그

b ▶ eg ▶ beg
ㅂ   에그   베그

p ▶ eg ▶ peg
ㅍ   에그   페그

29

03 그림을 보며 알맞은 글자를 연결하고 써 보세요.

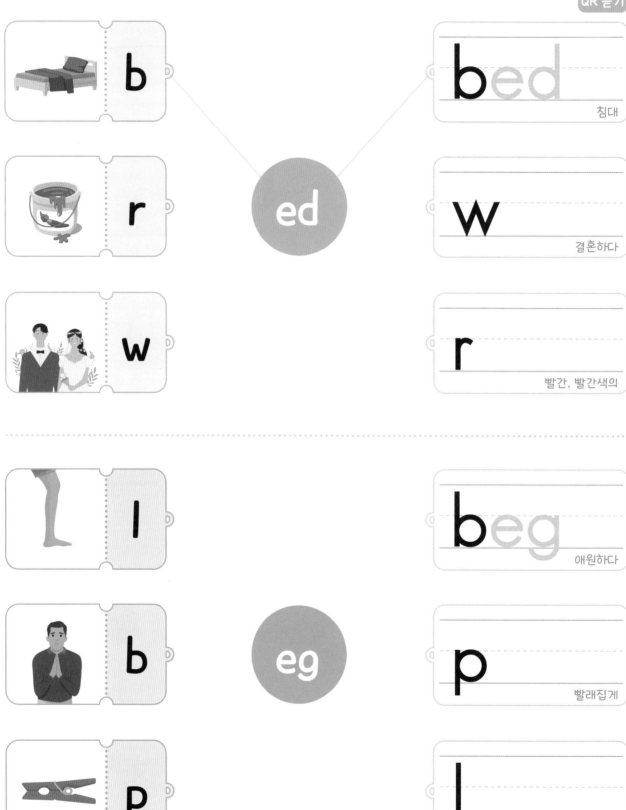

bed 침대

w 결혼하다

r 빨간, 빨간색의

beg 애원하다

p 빨래집게

l 다리

그림을 보며 알맞은 단어를 만들고 써 보세요.

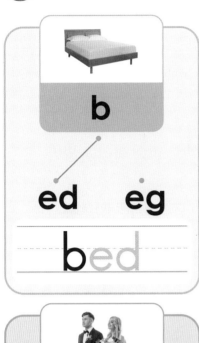

b

ed　eg

b ed

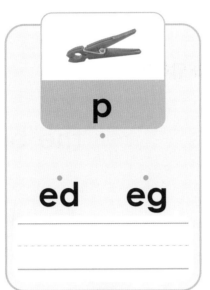

p

ed　eg

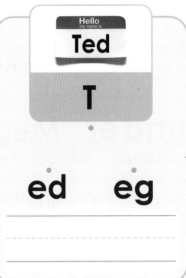

T

ed　eg

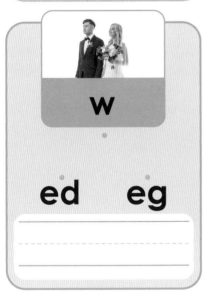

w

ed　eg

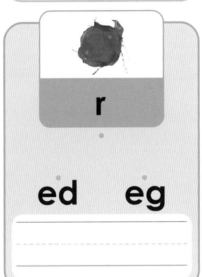

r

ed　eg

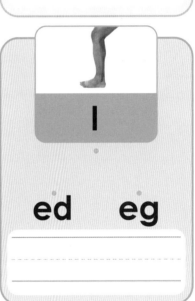

l

ed　eg

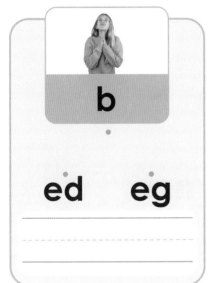

b

ed　eg

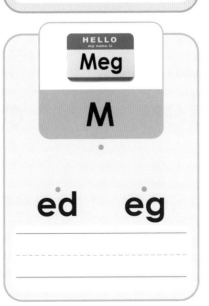

M

ed　eg

이제 ~ed, ~eg
단어들은 모두
읽을 수 있어요.

31

Review 문장으로 연습하기

QR 듣기

under
~아래에

Meg is under the bed. 메그는
침대 아래에 있다.

on
~위에

The red peg is on the bed. 빨간 빨래집게는
침대 위에 있다.

02 따라 쓰고 스스로 쓰기

under under   on   on

03 주어진 단어 모두 찾기

under   **on**

is	under	see	under	**are**	on
has	**have**	to	on	under	this

32

그림을 보고 알맞은 문장 고르기

메그는 침대 위에 있다.

☐ Meg is on the bed.
☐ Meg is on the mat.

빨래집게는 다리 아래에 있다.

☐ The peg is on my leg.
☐ The peg is under my leg.

05 **문장을 읽고 알맞은 그림 고르기**

Ted is on the bed.

테드는 침대 위에 있다.

Meg is under the bed.

메그는 침대 아래에 있다.

01 그림을 보고 알맞은 단어를 찾아 두 번 쓰세요.

cat			
fat	**1**	**2**	**3**
hat	cat	at	at

ham			
jam	**4**	**5**	**6**
ram	ram	am	am

cap			
map	**7**	**8**	**9**
tap	map	ap	ap

02 그림을 보고 알맞은 단어를 찾아 동그라미 표시를 하세요.

1
can
fan

2
pan
man

3
pen
hen

4
ten
men

5
jet
net

6
vet
wet

7
bed
red

8
leg
beg

단어를 읽고 그림을 찾아 동그라미 하세요.

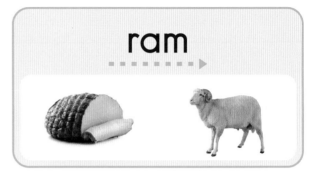

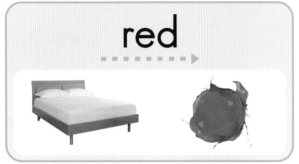

04 그림을보고 소리들을 합쳐 단어를 만들어 보세요.

n
f
r

at
am
ap

m
b
j

an
en
et

f a t

_ _ _

b
h
m

ed
en
eg

b
d
p

en
ed
et

_ _ _

_ _ _

05 다음 주어진 단어들을 배열하여 문장을 완성하세요.

1 | under | is | Meg | the bed |

➡ _____

2 | a hat | has | A cat |

➡ _____

3 | my | is | This | hat |

➡ _____

06 다음 우리말에 맞게 보기에서 알맞은 단어를 골라 쓰세요.

have   is   are

1 The men _____ a net.

남자들은 그물을 가지고 있다.

2 The cat _____ fat.

그 고양이는 뚱뚱하다.

3 The men _____ vets.

남자들은 수의사이다.

CHAPTER

02

Vowels & Sounds

단모음

-ig -ip -in

-it -id -ix

-ot -op -ox

-ug -ut -un

Unit 06

i g	-ig	pig
i p	-ip	lip
i n	-in	pin

Unit 07

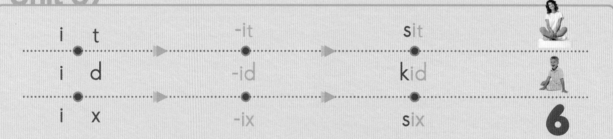

i t	-it	sit
i d	-id	kid
i x	-ix	six 6

Unit 08

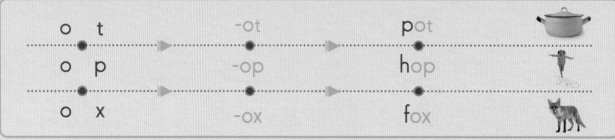

o t	-ot	pot
o p	-op	hop
o x	-ox	fox

Unit 09

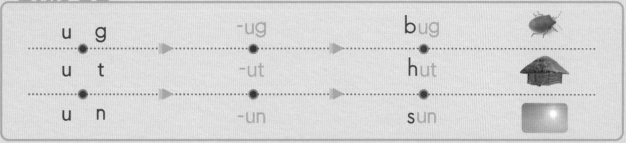

u g	-ug	bug	🪲
u t	-ut	hut	🛖
u n	-un	sun	☀️

☑ 일별 체크리스트

Unit 06

_____ 월 _____ 일

나의 평가는?
☆☆☆☆☆

Unit 07

_____ 월 _____ 일

나의 평가는?
☆☆☆☆☆

Unit 08

_____ 월 _____ 일

나의 평가는?
☆☆☆☆☆

Unit 09

_____ 월 _____ 일

나의 평가는?
☆☆☆☆☆

Unit 10 Wrap-up

_____ 월 _____ 일

나의 평가는?
☆☆☆☆☆

이렇게 함께 해요.

☑ 공부할 날짜 쓰기

☑ 공부할 QR을 찍고 음원 듣기

☑ 공부가 끝나면 내가 칠한
  별 개수로 칭찬하기

오늘 나의 기분은?

MEMO

_____

_____

i g

[이] [ㄱ]

pig

[피그]

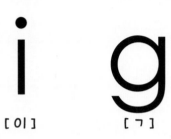

01 잘 듣고 큰 소리로 따라 읽고 써 보세요.

b > ig > big

ㅂ 이그 비그

big

d > ig > dig

ㄷ 이그 디그

w > ig > wig

우 이그 위그

단모음 i 는 우리말 /이/와 비슷해요.
i 뒤에 다른 알파벳(자음)이 올 때
i가 어떤 소리가 나는지 규칙에 맞게 읽어 보아요.

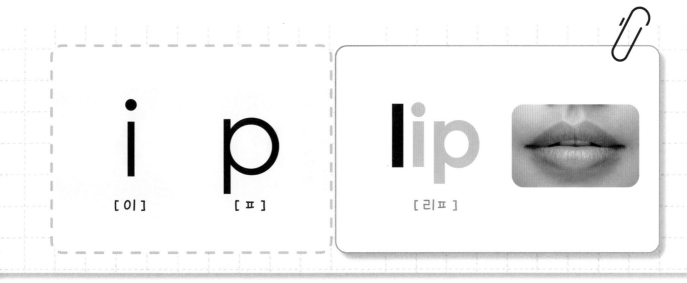

i
[이]

p
[ㅍ]

lip
[리ㅍ]

02 잘 듣고 큰 소리로 따라 읽고 써 보세요.

d → ip → dip
ㄷ   이ㅍ   디ㅍ

h → ip → hip
ㅎ   이ㅍ   히ㅍ

r → ip → rip
뤄   이ㅍ   리ㅍ

단모음 i가 다른 알파벳과 만나면
어떤 소리가 나는지 잘 듣고 따라 해 보아요.

QR 듣기

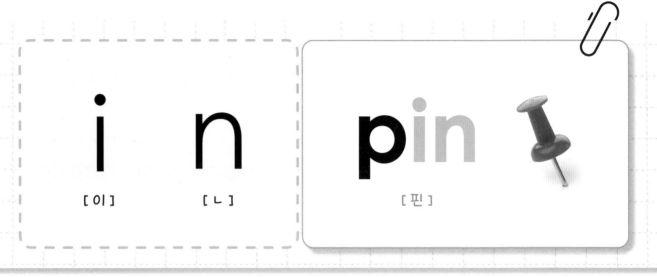

i	n	pin
[이]	[ㄴ]	[핀]

03 잘 듣고 큰 소리로 따라 읽고 써 보세요.

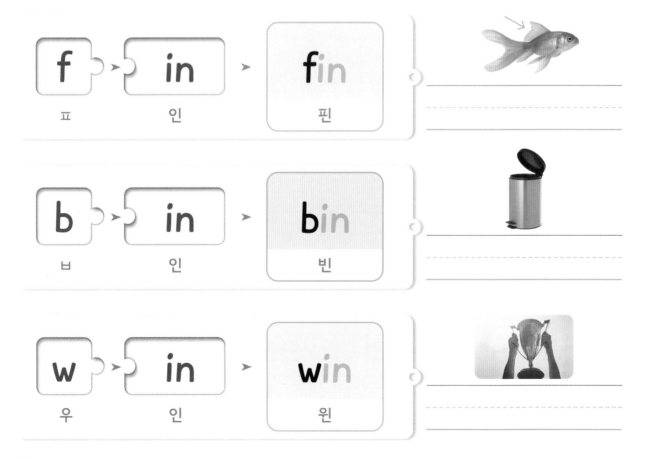

f	in	fin
ㅍ	인	핀

b	in	bin
ㅂ	인	빈

w	in	win
우	인	윈

04 그림을 보며 알맞은 글자를 연결하고 써 보세요.

p

d

w

ig

pig
돼지

w
가발

d
(땅,구멍을) 파다

l

h

d

ip

lip
입술

d
살짝 담그다

h
골반, 엉덩이

f

p

b

in

pin
핀

f
지느러미

b
쓰레기통

43

그림을 보며 알맞은 단어를 만들고 써 보세요.

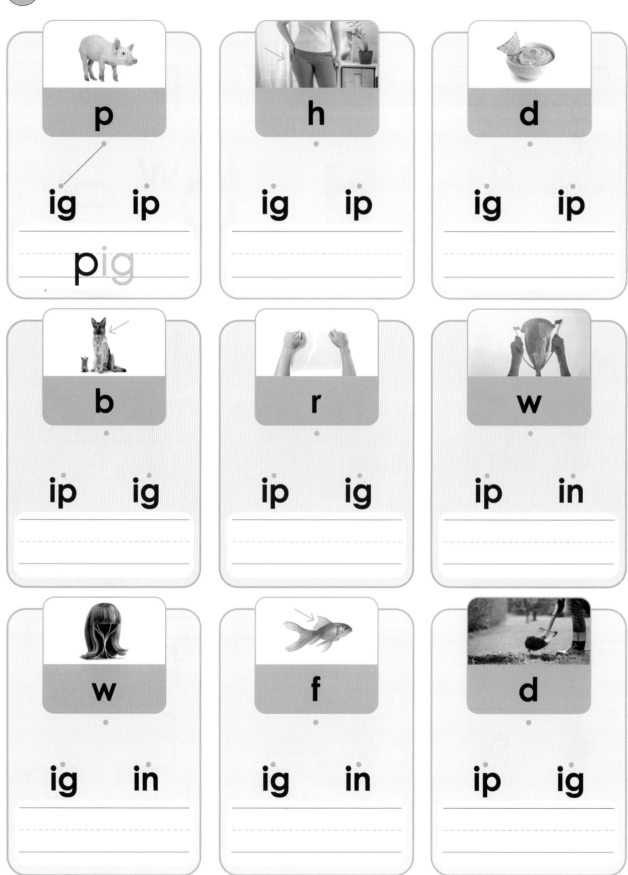

p

ig   ip

pig

h

ig   ip

d

ig   ip

b

ip   ig

r

ip   ig

w

ip   in

w

ig   in

f

ig   in

d

ip   ig

Review 문장으로 연습하기

01 단어와 문장을 듣고 따라 말하기

can
할 수 있다

Pigs can dig. 돼지들은 (땅을) 팔 수 있다.

don't
~하지 않다

Pigs don't have fins. 돼지들은 지느러미가 없다.

02 따라 쓰고 스스로 쓰기

can can   don't don't

03 주어진 단어 모두 찾기

can   **don't**

| *an* | under | can | under | **and** | don't |
| don't | **are** | to | on | can | **don't** |

45

큰 돼지는 (땅을) 팔 수 있다.

☐ A big pig can rip.
☐ A big pig can dig.

고양이들은 지느러미가 없다.

☐ Cats don't have fins.
☐ Cats don't have pins.

05 문장을 읽고 알맞은 그림 고르기

The big pig can win.
그 큰 돼지는 이길 수 있다.

I don't have a wig.
나는 가발을 가지고 있지 않다.

-it -id -ix

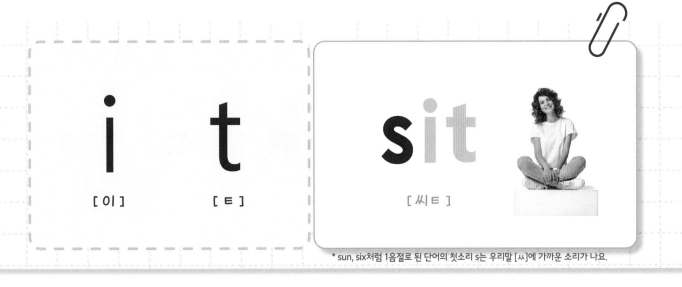

i
[이]

t
[트]

s sit
[씨트]

* sun, six처럼 1음절로 된 단어의 첫소리 s는 우리말 [씨]에 가까운 소리가 나요.

01 잘 듣고 큰 소리로 따라 읽고 써 보세요.

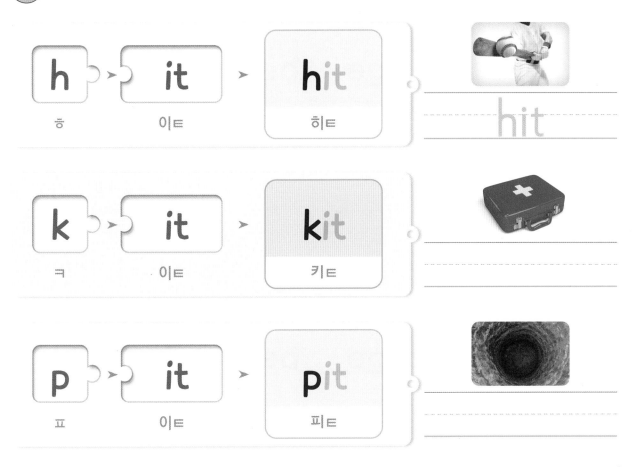

| h | > | it | > | hit | |
| 흐 | | 이트 | | 히트 | hit |

| k | > | it | > | kit | |
| 크 | | 이트 | | 키트 | |

| p | > | it | > | pit | |
| 프 | | 이트 | | 피트 | |

단모음 i 는 우리말 /이/와 비슷해요.
i 뒤에 다른 알파벳(자음)이 올 때
i가 어떤 소리가 나는지 규칙에 맞게 읽어 보아요.

QR 듣기

i   d   k id

[이]   [ㄷ]   [키ㄷ]

02 잘 듣고 큰 소리로 따라 읽고 써 보세요.

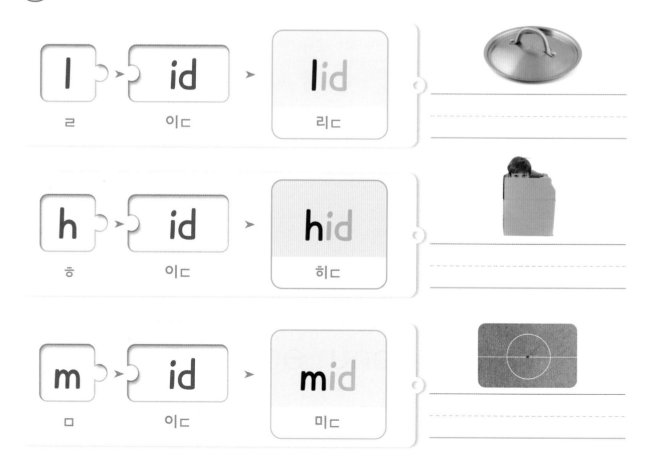

l → id → l id
ㄹ   이ㄷ   리ㄷ

h → id → h id
ㅎ   이ㄷ   히ㄷ

m → id → m id
ㅁ   이ㄷ   미ㄷ

단모음 i가 다른 알파벳과 만나면
어떤 소리가 나는지 잘 듣고 따라 해 보아요.

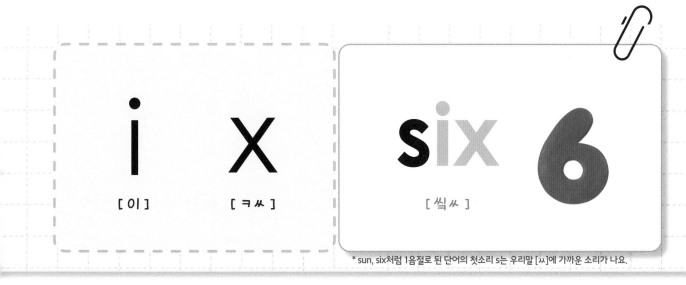

i
[이]

x
[ㅋ쓰]

six 6
[씩쓰]

* sun, six처럼 1음절로 된 단어의 첫소리 s는 우리말 [쓰]에 가까운 소리가 나요.

03 잘 듣고 큰 소리로 따라 읽고 써 보세요.

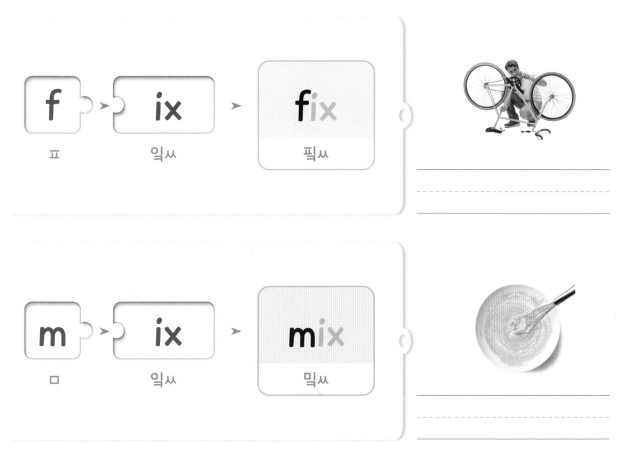

f → ix → fix
프   읽쓰   픽쓰

m → ix → mix
ㅁ   읽쓰   믹쓰

04 그림을 보며 알맞은 글자를 연결하고 써 보세요.

QR 듣기

s

h

k

it

sit
앉다

k
(용품,장비)세트

h
때리다, 치다

k

l

m

id

mid
중간의, 중앙의

k
아이

l
뚜껑

f

m

s

ix

six
육(6), 여섯

f
고치다

m
섞다

그림을 보며 알맞은 단어를 만들고 써 보세요.

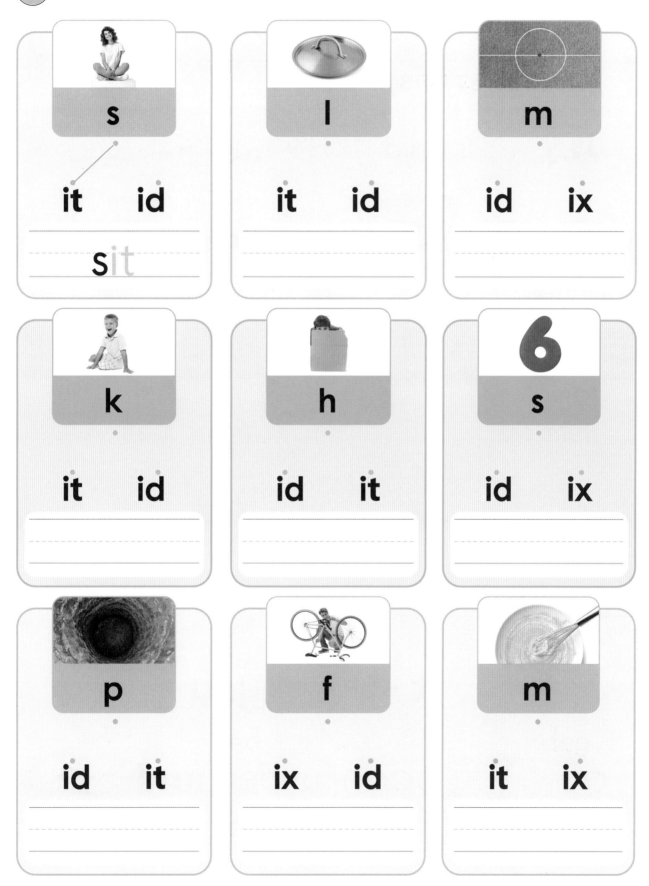

s   it   id

sit

l   it   id

m   id   ix

k   it   id

h   id   it

s   id   ix

p   id   it

f   ix   id

m   it   ix

Review 문장으로 연습하기

01 단어와 문장을 듣고 따라 말하기

it
그것은

It is a lid. 그것은 뚜껑이다.

you
너는

You can mix it. 너는 그것을 섞을 수 있다.

02 따라 쓰고 스스로 쓰기

it   it   you   you

03 주어진 단어 모두 찾기

it   you

an	you	can	under	and	it
it	are	to	you	can	you

52

04 그림을 보고 알맞은 문장 고르기

그것은 육이다.

☐ It is a kit.
☐ It is six.

너는 구덩이를 팔 수 있다.

☐ You can mix red.
☐ You can dig a pit.

05 문장을 읽고 알맞은 그림 고르기

It is a kit.
그것은 키트이다.

You can fix it.
너는 그것을 고칠 수 있다.

-ot -op -ox

QR 듣기

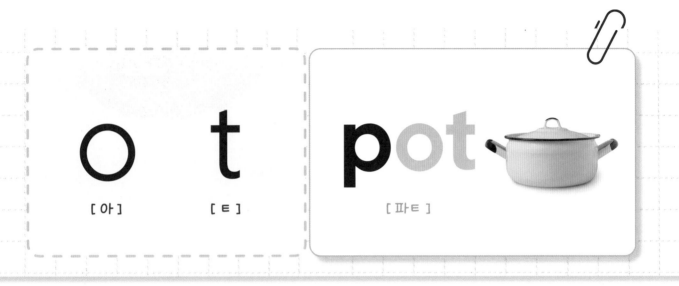

o [아]　　t [ㅌ]

p**ot** [파ㅌ]

---

01 잘 듣고 큰 소리로 따라 읽고 써 보세요.

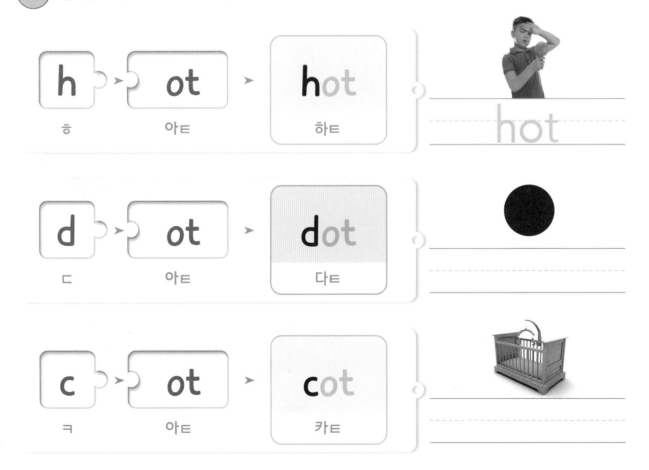

h → ot → hot
ㅎ　　아ㅌ　　하ㅌ

hot

d → ot → dot
ㄷ　　아ㅌ　　다ㅌ

c → ot → cot
ㅋ　　아ㅌ　　카ㅌ

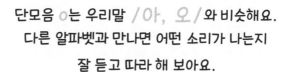

단모음 o는 우리말 / 아, 오 /와 비슷해요.
다른 알파벳과 만나면 어떤 소리가 나는지
잘 듣고 따라 해 보아요.

o
[아]

p
[ㅍ]

hop
[하ㅍ]

02 잘 듣고 큰 소리로 따라 읽고 써 보세요.

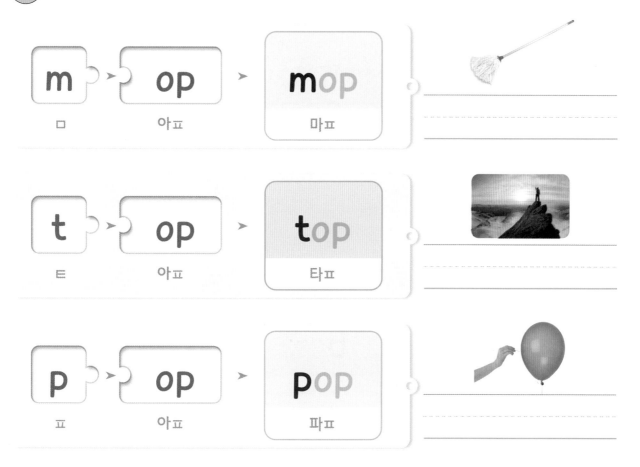

m
ㅁ

op
아ㅍ

mop
마ㅍ

t
ㅌ

op
아ㅍ

top
타ㅍ

p
ㅍ

op
아ㅍ

pop
파ㅍ

단모음 o가 다른 알파벳과 만나면
어떤 소리가 나는지 잘 듣고 따라 해 보아요.

QR 듣기

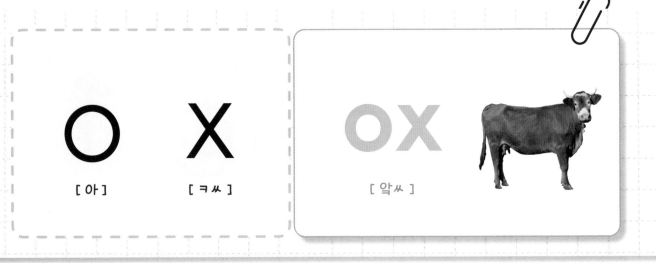

O
[아]

X
[ㅋㅆ]

OX
[악ㅆ]

03 잘 듣고 큰 소리로 따라 읽고 써 보세요.

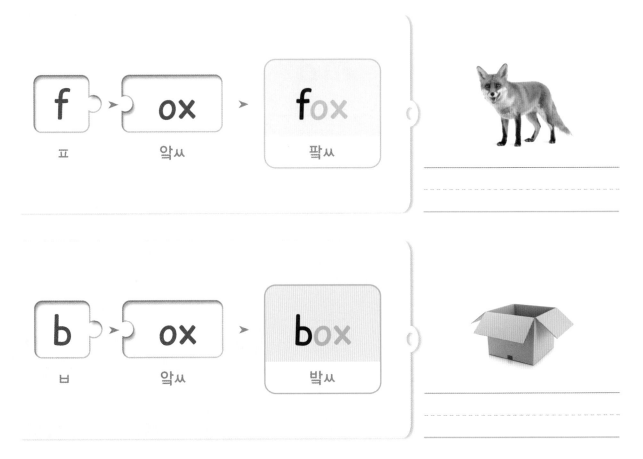

f
ㅍ

ox
악ㅆ

fox
팍ㅆ

b
ㅂ

ox
악ㅆ

box
박ㅆ

그림을 보며 알맞은 글자를 연결하고 써 보세요.

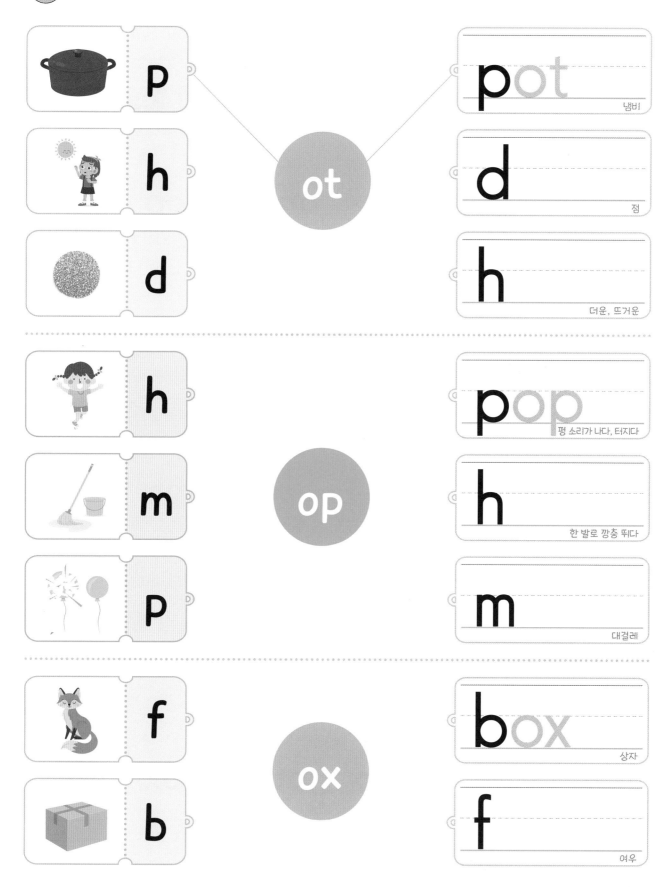

p

h

d

ot

pot
냄비

d
점

h
더운, 뜨거운

h

m

p

op

pop
펑 소리가 나다, 터지다

h
한 발로 깡충 뛰다

m
대걸레

f

b

ox

box
상자

f
여우

05 그림을 보며 알맞은 단어를 만들고 써 보세요.

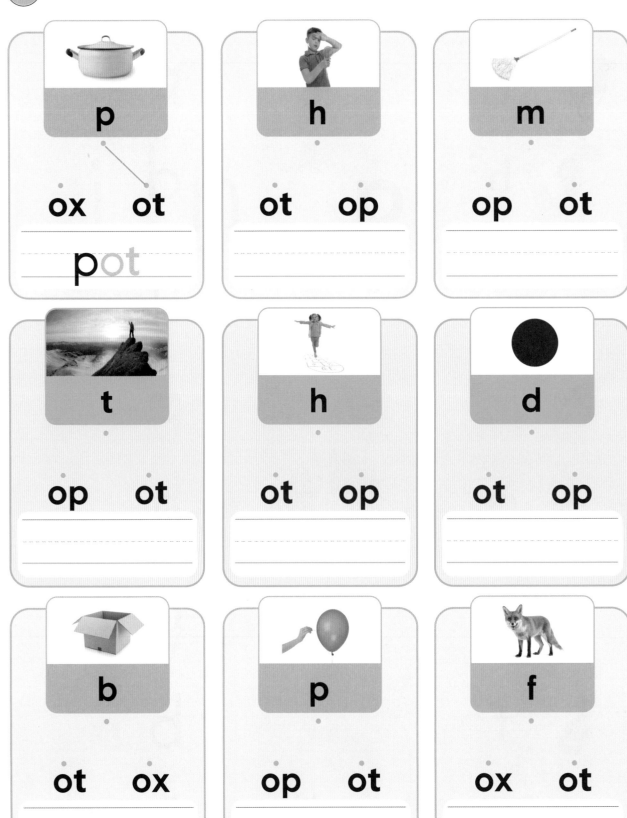

p
ox ot
pot

h
ot op

m
op ot

t
op ot

h
ot op

d
ot op

b
ot ox

p
op ot

f
ox ot

58

Review 문장으로 연습하기

01 단어와 문장을 듣고 따라 말하기

see
보다

You can see a dot. 너는 점을 볼 수 있다.

in
~안에

A fox is in the box. 여우가 상자 안에 있다.

02 따라 쓰고 스스로 쓰기

see see

in in

03 주어진 단어 모두 찾기

see   **in**

in	under	can	see	and	don't
see	are	in	on	see	in

너는 꼭대기를 볼 수 있다.

☐ **You can see the top.**
☐ **You can see the box.**

황소가 상자 안에 있다.

☐ **An ox is in the cot.**
☐ **An ox is in the box.**

A fox is in the pot.

여우가 냄비 안에 있다.

You can see a mop.

너는 대걸레를 볼 수 있다.

-ug -ut -un

QR 듣기

u g
[어] [ㄱ]

b u g
[버그]

01 잘 듣고 큰 소리로 따라 읽고 써 보세요.

h → ug → h ug
ㅎ   어ㄱ   허ㄱ

hug

m → ug → m ug
ㅁ   어ㄱ   머ㄱ

r → ug → r ug
뤄   어ㄱ   러ㄱ

단모음 u는 우리말 /어/와 비슷해요.
u 뒤에 다른 알파벳(자음)이 올 때
u가 어떤 소리가 나는지 규칙에 맞게 읽어 보아요.

QR 듣기

u   t   h**ut**

[어]   [ㅌ]   [허ㅌ]

---

02 잘 듣고 큰 소리로 따라 읽고 써 보세요.

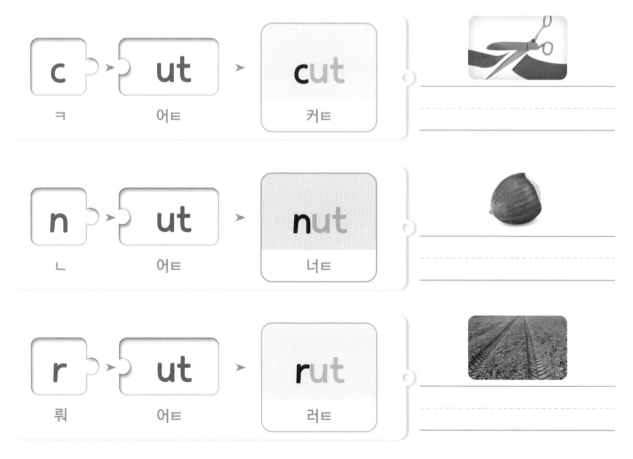

c   →   ut   →   cut
ㅋ   어ㅌ   커ㅌ

n   →   ut   →   nut
ㄴ   어ㅌ   너ㅌ

r   →   ut   →   rut
뤄   어ㅌ   러ㅌ

단모음 u가 다른 알파벳과 만나면
어떤 소리가 나는지 잘 듣고 따라 해 보아요.

u n   [어]   [ㄴ]

s u n   [썬]

03 잘 듣고 큰 소리로 따라 읽고 써 보세요.

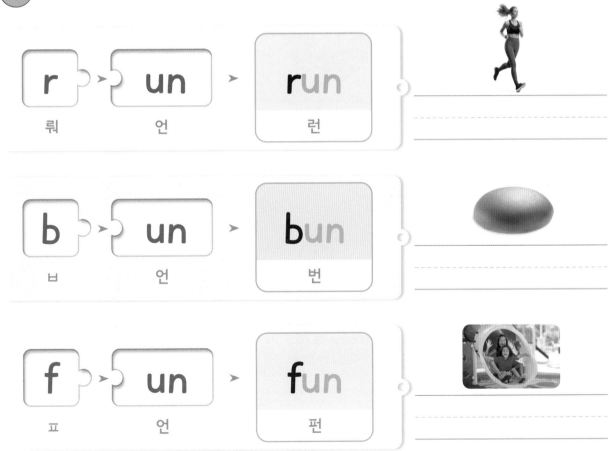

r > un > run
뤄   언   런

b > un > bun
ㅂ   언   번

f > un > fun
ㅍ   언   펀

QR 듣기

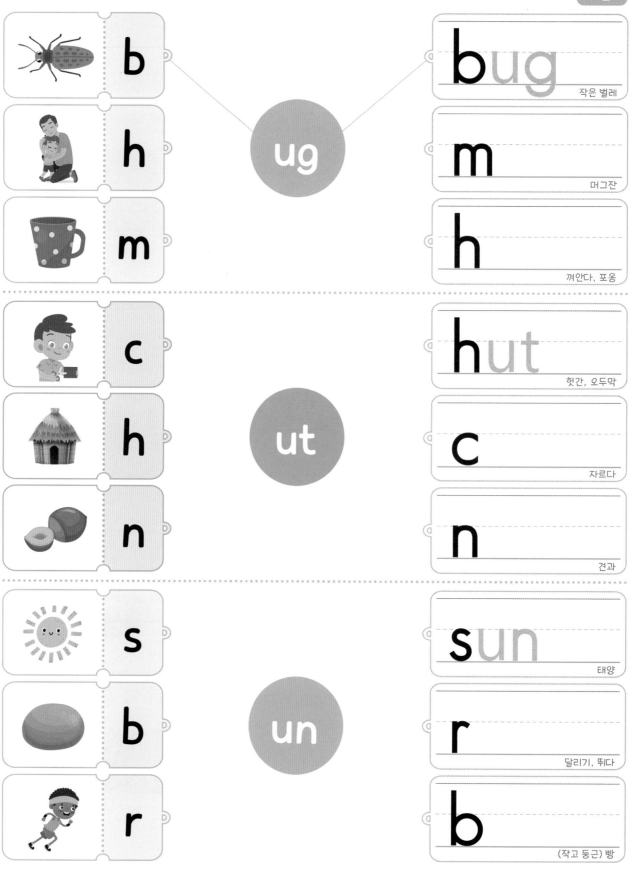

bug   작은 벌레

m   머그잔

h   껴안다, 포옹

ug

hut   헛간, 오두막

c   자르다

n   견과

ut

sun   태양

r   달리기, 뛰다

b   (작고 둥근) 빵

un

64

그림을 보며 알맞은 단어를 만들고 써 보세요.

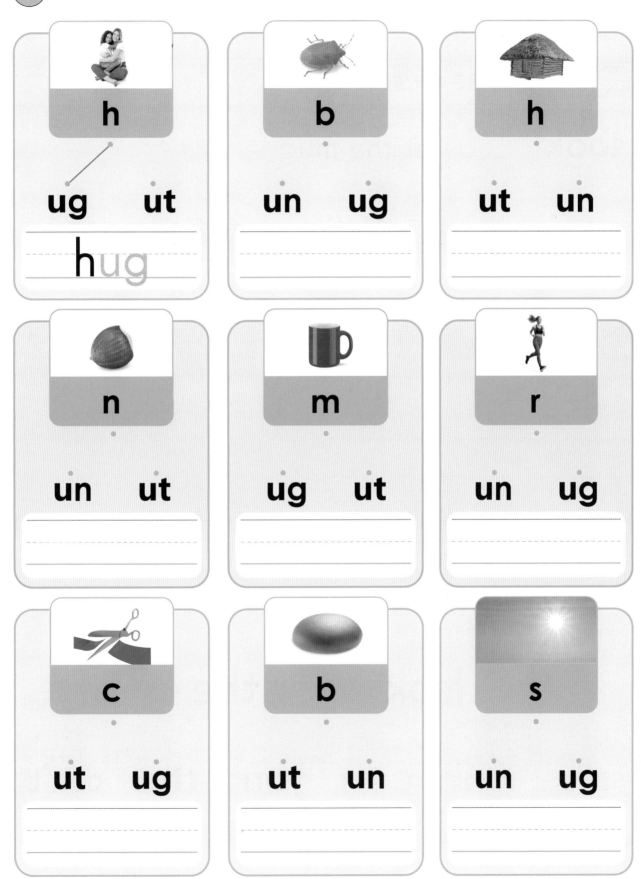

h

ug   ut

h ug

b

un   ug

h

ut   un

n

un   ut

m

ug   ut

r

un   ug

c

ut   ug

b

ut   un

s

un   ug

01 단어와 문장을 듣고 따라 말하기

look
보다

Look at the mug. 그 머그잔을 봐.

the
그

The bun is hot. 그 빵은 뜨겁다.

02 따라 쓰고 스스로 쓰기

look look   the the

03 주어진 단어 모두 찾기

look   the

the	look	can	you	**the**	don't
look	**are**	in	**look**	see	the

그 벌레를 봐.

- ☐ Look at the bug.
- ☐ Look at the nut.

태양은 뜨겁다.

- ☐ The mug is hot.
- ☐ The sun is hot.

I run in the sun.

나는 햇살 속에서 달린다.

Look at the hut.

그 헛간을 봐.

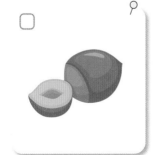

01 그림을 보고 알맞은 단어를 찾아 두 번 쓰세요.

pig
dig
wig

1 pig

2 ig

3 ig

lip
hip
dip

4 dip

5 ip

6 ip

pin
bin
win

7 bin

8 in

9 in

02 그림을 보고 알맞은 단어를 찾아 동그라미를 하세요.

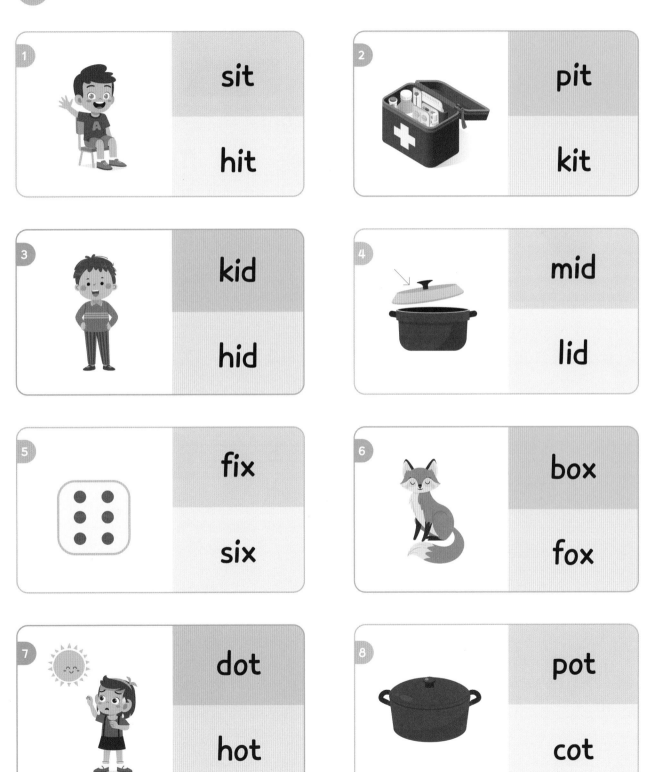

1. sit / hit

2. pit / kit

3. kid / hid

4. mid / lid

5. fix / six

6. box / fox

7. dot / hot

8. pot / cot

03 단어를 읽고 그림을 찾아 동그라미 하세요.

04 그림을보고 소리들을 합쳐 단어를 만들어 보세요.

b
f
s
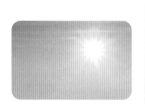
ug
ut
un

m
b
h

ot
op
ox

s u n

_ _ _

l
h
m

it
id
ix

b
f
s

ug
ut
un

_ _ _

_ _ _

05 다음 주어진 단어들을 배열하여 문장을 완성하세요.

1   can   Pigs   dig

➡ _____

2   It   a lid   is

➡ _____

3   see   can   a pot   You

➡ _____

06 다음 우리말에 맞게 보기에서 알맞은 단어를 골라 쓰세요.

don't   Look   in

1   Pigs _____ have fins.

돼지들은 지느러미가 없다.

2   A fox is _____ the box.

여우가 상자 안에 있다.

3   _____ at the hut.

그 헛간을 봐.

CHAPTER 03

Vowels & Sounds

장모음

-ie -y

-ake -ate -ape

-ine -ire -ike

-one -ose -ole

-une -ute -ube

Unit 11

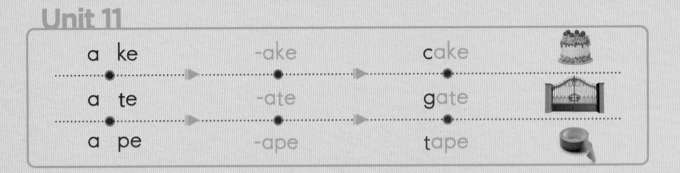

a ke	▶	-ake	▶	cake
a te	▶	-ate	▶	gate
a pe		-ape		tape

Unit 12

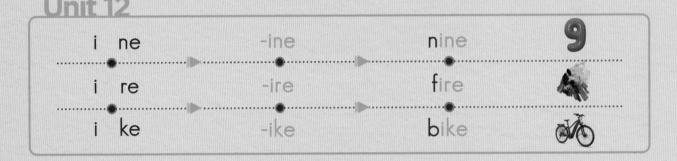

i ne	▶	-ine	▶	nine
i re	▶	-ire	▶	fire
i ke		-ike		bike

Unit 13

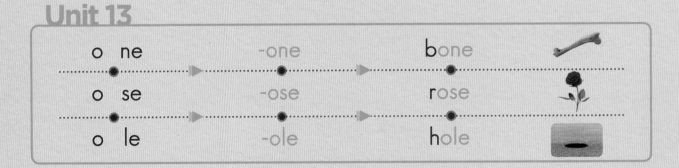

o ne	▶	-one	▶	bone
o se	▶	-ose	▶	rose
o le		-ole		hole

Unit 14

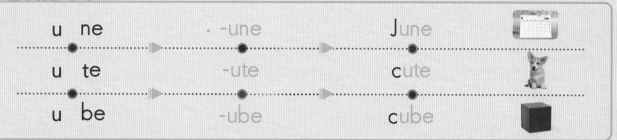

u ne	▶	-une	▶	June	
u te	▶	-ute	▶	cute	
u be	▶	-ube	▶	cube	

Unit 15

| i e | ▶ | -ie | ▶ | pie | |
| y | | -y | | cry | |

☑ 일별 체크리스트

Unit 11
_____ 월 _____ 일   나의 평가는? ☆☆☆☆☆

Unit 14
_____ 월 _____ 일   나의 평가는? ☆☆☆☆☆

Unit 12
_____ 월 _____ 일   나의 평가는? ☆☆☆☆☆

Unit 15
_____ 월 _____ 일   나의 평가는? ☆☆☆☆☆

Unit 13
_____ 월 _____ 일   나의 평가는? ☆☆☆☆☆

Unit 16 Wrap-up
_____ 월 _____ 일   나의 평가는? ☆☆☆☆☆

이렇게 함께 해요.

☑ 공부할 날짜 쓰기

☑ 공부할 QR을 찍고 음원 듣기

☑ 공부가 끝나면 내가 칠한
   별 개수로 칭찬하기

오늘 나의 기분은?

-ake -ate -ape

QR 듣기

ake
[에이크]

cake
[케이크]

01 잘 듣고 큰 소리로 따라 읽고 써 보세요.

b ▸ ake ▸ bake
ㅂ   에이크   베이크
bake

l ▸ ake ▸ lake
ㄹ   에이크   레이크

m ▸ ake ▸ make
ㅁ   에이크   메이크

알파벳 이름 a와 동일하게 /에이/하고
길게 소리 나는 단어들을 잘 듣고 따라 해 보세요.

ate

[에이트]

gate

[게이트]

02 잘 듣고 큰 소리로 따라 읽고 써 보세요.

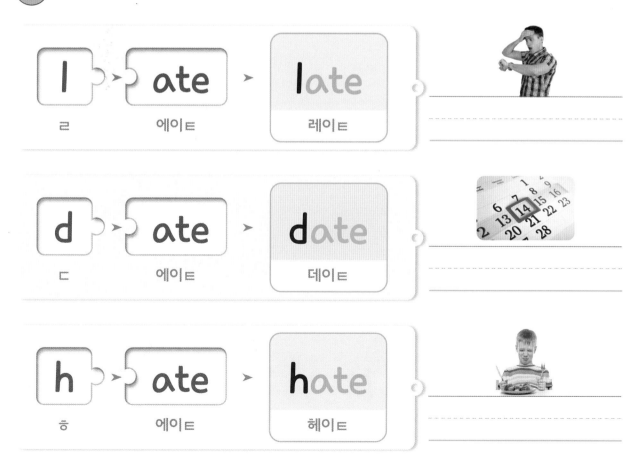

l	ate	late
ㄹ	에이트	레이트

d	ate	date
ㄷ	에이트	데이트

h	ate	hate
ㅎ	에이트	헤이트

[자음+a+자음]으로 구성된 단어 뒤에 e가 올 때
a가 어떻게 소리 나는지 잘 듣고 따라 해 보아요.

QR 듣기

ape
[에이ㅍ]

tape
[테이ㅍ]

03 잘 듣고 큰 소리로 따라 읽고 써 보세요.

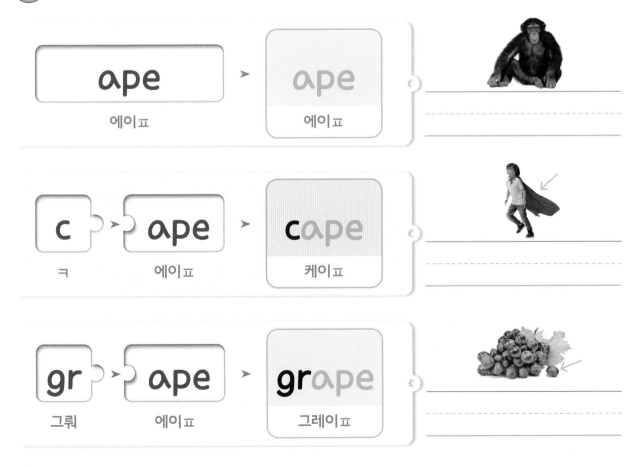

ape	ape
에이ㅍ	에이ㅍ

c	ape	cape
ㅋ	에이ㅍ	케이ㅍ

gr	ape	grape
그뤄	에이ㅍ	그레이ㅍ

그림을 보며 알맞은 글자를 연결하고 써 보세요.

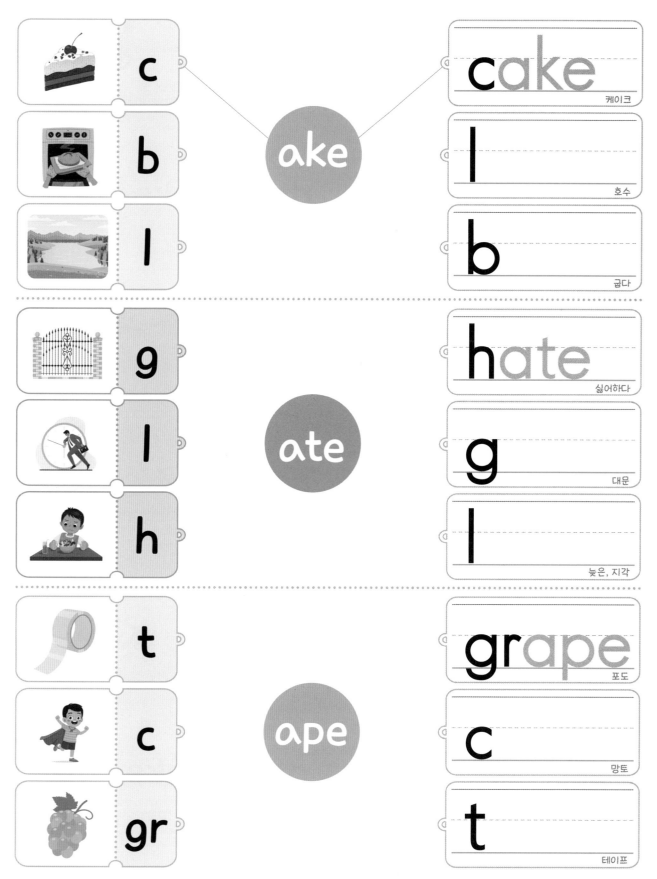

ake

c
b
l

cake 케이크
l 호수
b 굽다

ate

g
l
h

hate 싫어하다
g 대문
l 늦은, 지각

ape

t
c
gr

grape 포도
c 망토
t 테이프

77

그림을 보며 알맞은 단어를 만들고 써 보세요.

c

ake   ate

cake

b

ake   ate

c

ake   ape

t

ape   ate

l

ake   ate

m

ate   ake

g

ate   ake

l

ape   ate

d

ake   ate

QR 듣기

01 단어와 문장을 듣고 따라 말하기

Let's
~하자

Let's bake a cake.   케이크를 굽자.

to
~(으)로

I run to the gate.   나는 대문으로 달려간다.

02 따라 쓰고 스스로 쓰기

Let's Let's   to to

03 주어진 단어 모두 찾기

Let's   to

in	to	can	to	**and**	Let's
Let's	**are**	on	Let's	**to**	in

79

케이크를 만들자.

☐ Let's make a cake.
☐ Let's make a tape.

나는 호수로 달릴 수 있다.

☐ I can make the cape.
☐ I can run to the lake.

I run to the gate.
나는 대문으로 달려간다.

Let's cut the tape.
테이프를 자르자.

-ine -ire -ike

QR 듣기

ine
[아인]

nine 9
[나인]

01 잘 듣고 큰 소리로 따라 읽고 써 보세요.

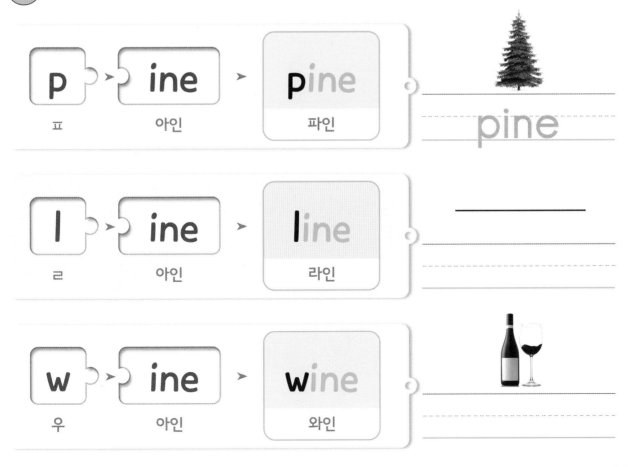

| p | ine | pine |
| 프 | 아인 | 파인 |

pine

| l | ine | line |
| ㄹ | 아인 | 라인 |

| w | ine | wine |
| 우 | 아인 | 와인 |

알파벳 이름 i와 동일하게 /아이/하고 길게
소리 나는 단어들을 잘 듣고 따라 해 보아요.

QR 듣기

ire

[아이어ㄹ]

fire

[파이어ㄹ]

02 잘 듣고 큰 소리로 따라 읽고 써 보세요.

t → ire → tire

ㅌ   아이어ㄹ   타이어ㄹ

w → ire → wire

우   아이어ㄹ   와이어ㄹ

[자음+i+자음]으로 구성된 단어 뒤에 e가 올 때
i가 어떻게 소리 나는지 잘 듣고 따라 해 보아요.

ike
[아이ㅋ]

bike
[바이ㅋ]

03 잘 듣고 큰 소리로 따라 읽고 써 보세요.

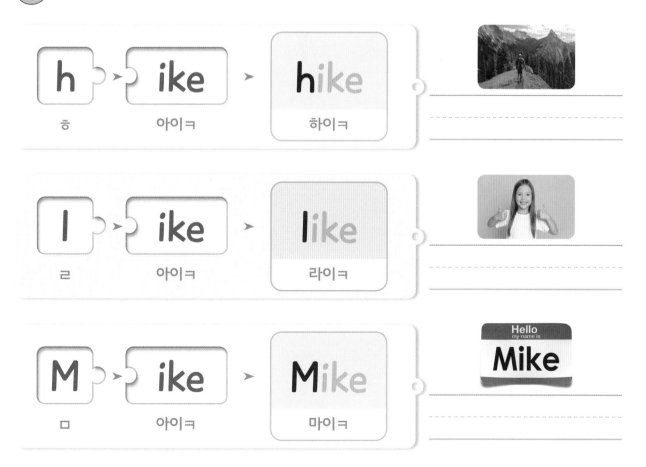

h → ike → hike
ㅎ   아이ㅋ   하이ㅋ

l → ike → like
ㄹ   아이ㅋ   라이ㅋ

M → ike → Mike
ㅁ   아이ㅋ   마이ㅋ

Hello
my name is
Mike

nine
구(9), 아홉

l
선, 줄

p
소나무

wire
철사, 전선

t
타이어

f
불

like
좋아하다

b
자전거

h
등산

그림을 보며 알맞은 단어를 만들고 써 보세요.

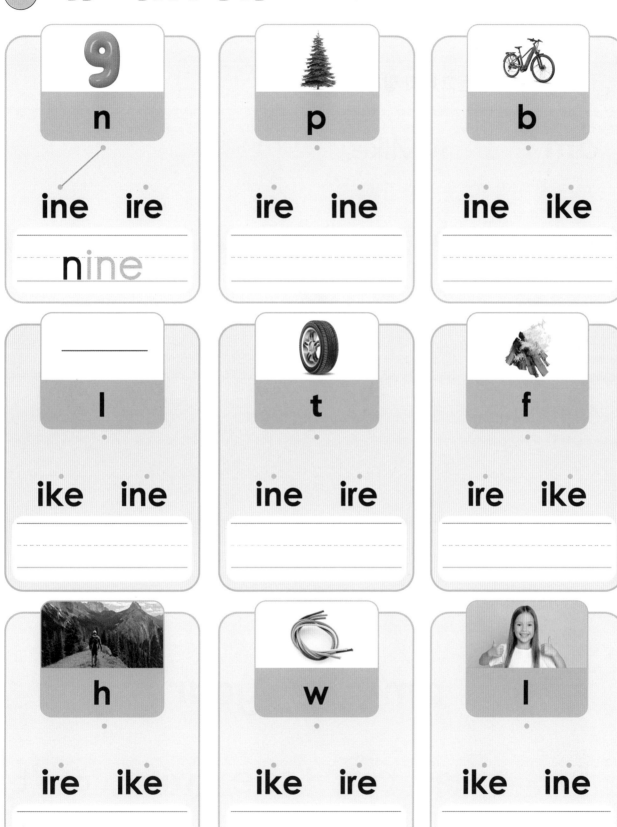

9
n

ine　ire

nine

---

p

ire　ine

---

b

ine　ike

---

l

ike　ine

---

t

ine　ire

---

f

ire　ike

---

h

ire　ike

---

w

ike　ire

---

l

ike　ine

Review 문장으로 연습하기

QR 듣기

01 단어와 문장을 듣고 따라 말하기

am
이다
I am Mike. 나는 마이크이다.

your
너의
Is this your bike? 이것은 너의 자전거니?

02 따라 쓰고 스스로 쓰기

am   am   your   your

03 주어진 단어 모두 찾기

am   **your**

in	under	am	see	**your**	don't
your	**are**	in	on	**am**	in

그림을 보고 알맞은 문장 고르기

나는 9살이다.

☐ I am Mike.
☐ I am nine.

이것은 네 타이어니?

☐ Is this your pine?
☐ Is this your tire?

문장을 읽고 알맞은 그림 고르기

Is this your wine?
이것은 네 와인이니?

☐

☐

I like your bike.
나는 네 자전거를 좋아한다.

☐

☐

-one -ose -ole

QR 듣기

one
[오운]

bone
[보운]

01 잘 듣고 큰 소리로 따라 읽고 써 보세요.

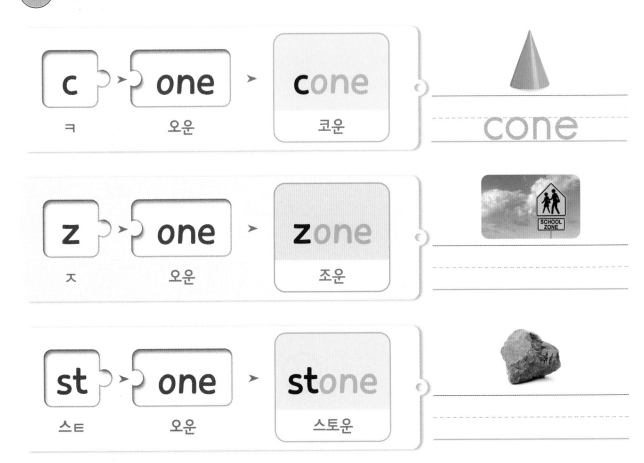

c
ㅋ
one
오운
cone
코오운
cone

z
ㅈ
one
오운
zone
조운

st
스트
one
오운
stone
스토운

알파벳 이름 o와 동일하게 / 오우 / 하고 길게
소리 나는 단어들을 잘 듣고 따라 해 보아요.

ose

[오우ㅈ]

rose

[로우ㅈ]

잘 듣고 큰 소리로 따라 읽고 써 보세요.

n	ose	nose
ㄴ	오우ㅈ	노우ㅈ

h	ose	hose
ㅎ	오우ㅈ	호우ㅈ

p	ose	pose
ㅍ	오우ㅈ	포우ㅈ

[자음+o+자음]으로 구성된 단어 뒤에 e가 올 때
o가 어떻게 소리 나는지 잘 듣고 따라 해 보아요.

QR 듣기

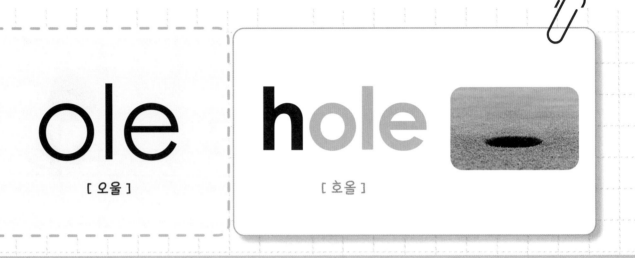

ole
[오울]

hole
[호올]

03 잘 듣고 큰 소리로 따라 읽고 써 보세요.

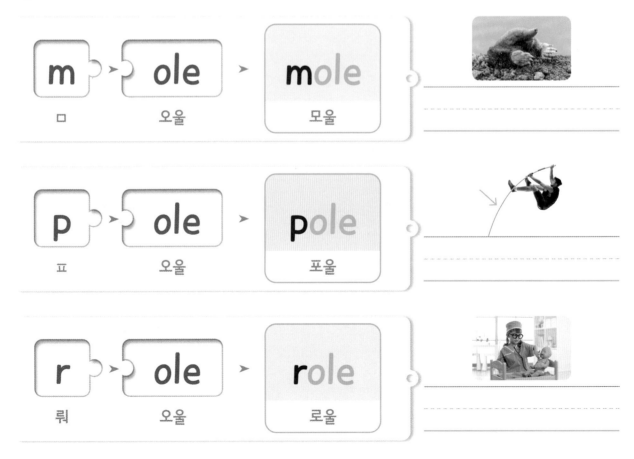

m → ole → mole
ㅁ   오울   모울

p → ole → pole
ㅍ   오울   포울

r → ole → role
뤄   오울   로울

90

04 그림을 보며 알맞은 글자를 연결하고 써 보세요.

one

b
c
z

bone 뼈
c 원뿔
z 지역, 구역

ose

r
n
h

hose 호스
r 장미
n 코

ole

h
m
p

mole 두더지
p 막대기, 장대
h 구멍

91

05 그림을 보며 알맞은 단어를 만들고 써 보세요.

h

ole   ose

hole

c

ose   one

r

one   ose

z

one   ole

p

ole   ose

b

ose   one

h

ose   one

m

one   ole

p

ole   ose

Review 문장으로 연습하기

01 단어와 문장을 듣고 따라 말하기

they
그들은

They don't like the zone. 그들은 그 구역을 좋아하지 않는다.

small
작은

The small mole is in a hole. 작은 두더지는 구멍 안에 있다.

02 따라 쓰고 스스로 쓰기

they they

small small

03 주어진 단어 모두 찾기

they   **small**

small	under	they	see	**small**	don't
your	**they**	in	small	am	they

그들은 장미를 좋아하지 않는다.

- ☐ They don't like the pose.
- ☐ They don't like roses.

그 뼈는 작은 구멍 안에 있다.

- ☐ The bone is in a small hole.
- ☐ The small dog is in a hole.

05 문장을 읽고 알맞은 그림 고르기

Mike has ten small cones.

마이크는 열 개의 작은 원뿔들을
가지고 있다.

They don't like the role.

그들은 그 역할을 좋아하지 않는다.

une
[우운]

June
[주운]

* 월, 요일을 나타내는 단어의 첫글자는 대문자로 써요.

01 잘 듣고 큰 소리로 따라 읽고 써 보세요.

t
ㅌ

une
우운

tune
투운

tune

d
ㄷ

une
우운

dune
두운

알파벳 이름 u와 동일하게 /유우/ 또는 /우─/하고
길게 소리나는 단어들을 잘 듣고 따라 해 보아요.

QR 듣기

ute
[유우ㅌ]

cute
[큐우ㅌ]

02 잘 듣고 큰 소리로 따라 읽고 써 보세요.

m
ㅁ

ute
유우ㅌ

mute
뮤우ㅌ

ube
[유우ㅂ]

cube
[큐우ㅂ]

03 잘 듣고 큰 소리로 따라 읽고 써 보세요.

t
ㅌ

ube
우─ㅂ

tube
투우ㅂ

04 그림을 보며 알맞은 글자를 연결하고 써 보세요.

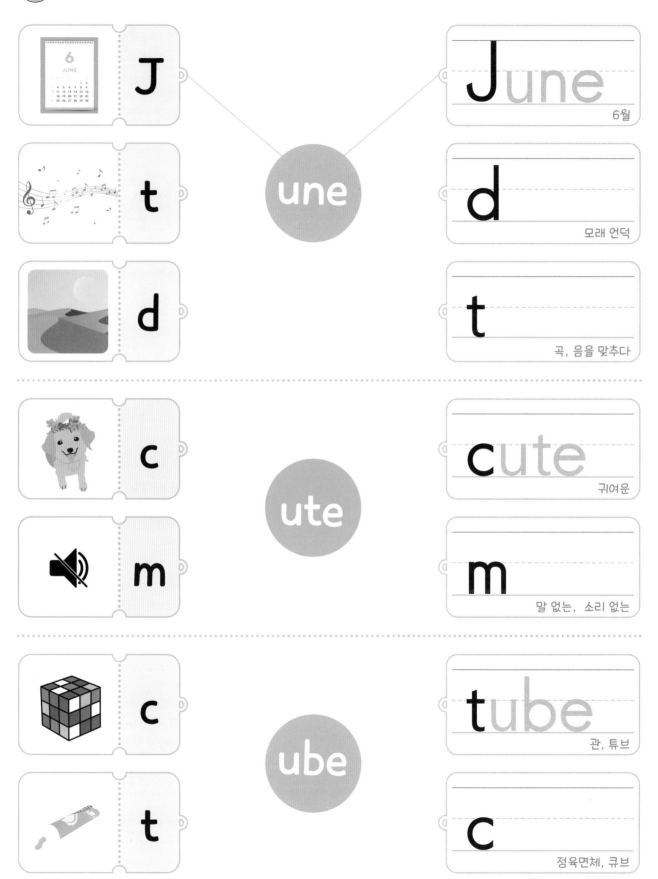

J

t

d

une

Ｊune
6월

d
모래 언덕

t
곡, 음을 맞추다

c

m

ute

cute
귀여운

m
말 없는, 소리 없는

c

t

ube

tube
관, 튜브

c
정육면체, 큐브

그림을 보며 알맞은 단어를 만들고 써 보세요.

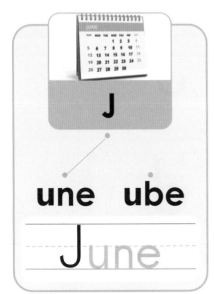

J

une   ube

June

t

ute   ube

t

ube   une

m

ute   ube

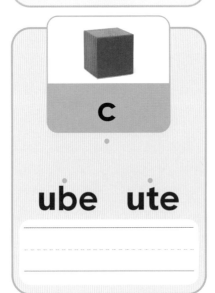

c

ube   ute

c

une   ute

d

ute   une

이제 ~une, ~ute, ~ube 단어들은 모두 읽을 수 있어요.

Review 문장으로 연습하기

QR 듣기

01 단어와 문장을 듣고 따라 말하기

isn't
~않다

The hole isn't small. 그 구멍은 작지 않다.

here
여기에(서)

You can see the cube here. 너는 그 큐브를 여기에서 볼 수 있다.

02 따라 쓰고 스스로 쓰기

isn't isn't

here here

03 주어진 단어 모두 찾기

isn't   here

with	isn't	they	here	are	don't
isn't	**here**	in	am	**isn't**	the

99

04 그림을 보고 알맞은 문장 고르기

그 개는 귀엽지 않다.

- ☐ The dog isn't cute.
- ☐ The dog isn't mute.

나는 여기에 큐브를 가지고 있다.

- ☐ I have a tube here.
- ☐ I have a cube here.

05 문장을 읽고 알맞은 그림 고르기

The cube isn't here.
그 큐브는 여기 없다.

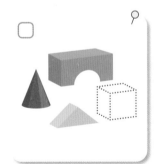 

I have a tube here.
나는 여기에 튜브를 가지고 있다.

100

-ie -y

QR 듣기

ie
[아이]

pie
[파이]

01 잘 듣고 큰 소리로 따라 읽고 써 보세요.

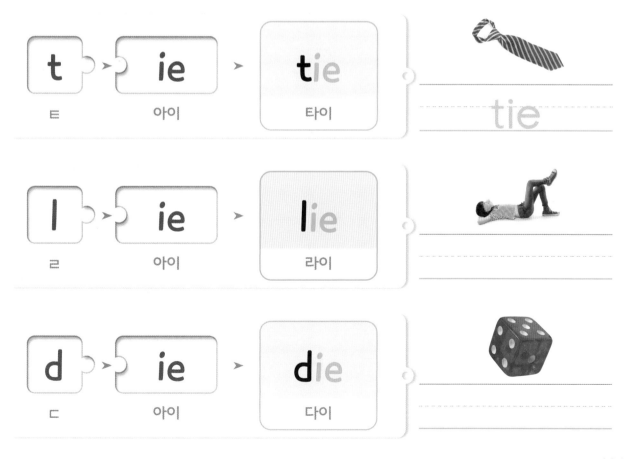

t
ㅌ
> ie
아이
> tie
타이

tie

l
ㄹ
> ie
아이
> lie
라이

d
ㄷ
> ie
아이
> die
다이

ie, y는 장모음 i와 동일하게
/아이/ 소리를 내요.

y

[아이]

cr y

[크라이]

02 잘 듣고 큰 소리로 따라 읽고 써 보세요.

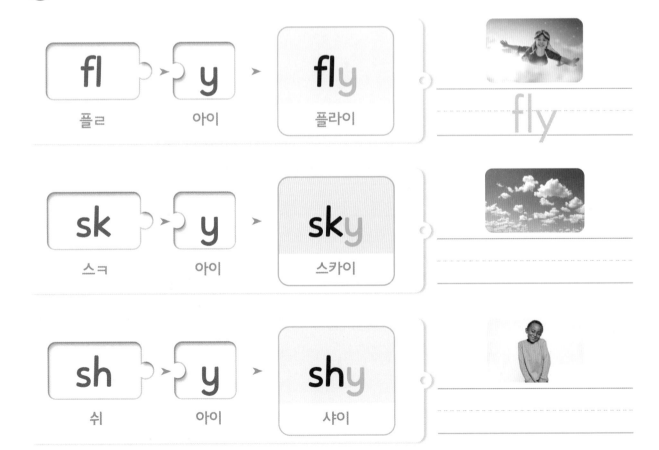

fl	>	y	>	fl y		fly
플르		아이		플라이		

sk	>	y	>	sk y		
스크		아이		스카이		

sh	>	y	>	sh y		
쉬		아이		샤이		

그림을 보며 알맞은 글자를 연결하고 써 보세요.

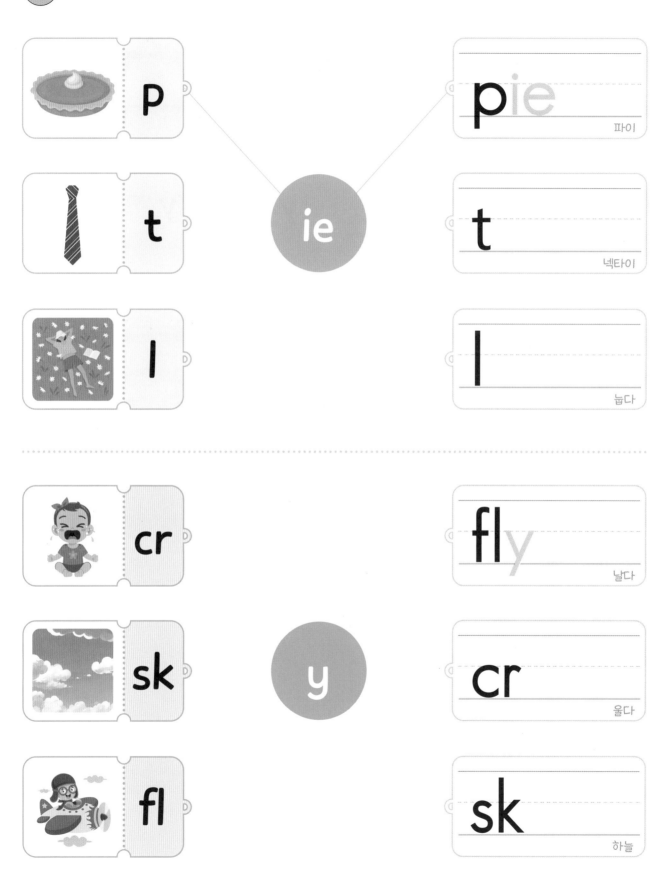

파이

넥타이

눕다

날다

울다

하늘

그림을 보며 알맞은 단어를 만들고 써 보세요.

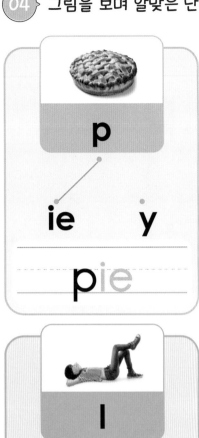

p

ie y

p ie

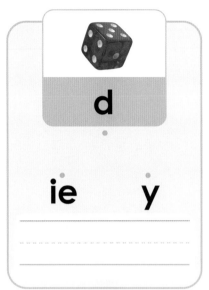

d

ie y

t

y ie

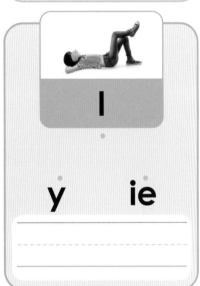

l

y ie

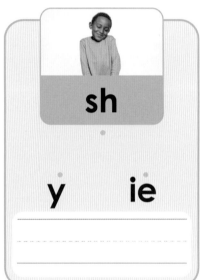

sh

y ie

sk

ie y

fl

ie y

cr

ie y

이제 ~ie, ~y
단어들은 모두
읽을 수 있어요.

Review 문장으로 연습하기

01 단어와 문장을 듣고 따라 말하기

play
놀다

Don't play with the pie. 파이를 가지고 놀지 마라.

please
제발

Don't cry, please. 제발 울지 마라.

02 따라 쓰고 스스로 쓰기

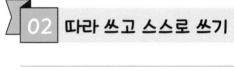

play play   please

03 주어진 단어 모두 찾기

play   **please**

is	play	see	is	**please**	play
has	**are**	please	you	play	this

제발 누워 있지 마라.

☐ Don't lie, please.
☐ Don't cry, please.

넥타이를 가지고 놀지 말아라.

☐ Don't play with the die.
☐ Don't play with the tie.

Don't be shy, please.

제발 수줍어하지 마라.

Don't play with the pie.

파이를 가지고 놀지 마라.

잘 따라오고
있나요?

01 그림을 보고 알맞은 단어를 찾아 두 번 쓰세요.

cake
bake
lake

1	2	3
cake	ke	ke

gate
late
date

4	5	6
late	te	te

tape
cape
grape

7	8	9
cape	pe	pe

02 그림을 보고 알맞은 단어를 찾아 동그라미 하세요.

1. nine / pine

2. line / wine

3. wire / fire

4. hire / tire

5. bike / mike

6. hike / like

7. bone / stone

8. cone / zone

03 단어를 읽고 그림을 찾아 동그라미 하세요.

rose

nose

mole

pole

04 그림을보고 소리들을 합쳐 단어를 만들어 보세요.

m	une
j	ute
t	ube

J u n e

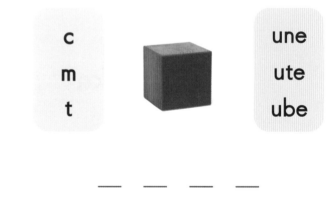

c	une
m	ute
t	ube

_ _ _ _

sk	ose
p	ie
r	y

_ _ _

cr	ose
t	ie
p	y

_ _ _

110

05 다음 주어진 단어들을 배열하여 문장을 완성하세요.

1   am   I   Mike

➡ _____

2   don't   like   They   roses

➡ _____

3   have   here   I   a cube

➡ _____

06 다음 우리말에 맞게 보기에서 알맞은 단어를 골라 쓰세요.

small   your   play

1 Is this _____ bike?

이것은 너의 자전거니?

2 The _____ mole is in the hole.

작은 두더지는 구멍 안에 있다.

3 Don't _____ with the pie.

파이를 갖고 놀지 마라.

CHAPTER 04

Vowels & Sounds

이중모음 / -r 모음

Unit 17

| a y | ▶ | -ay | ▶ | day | |
| a i | | -ai | | rain | |

Unit 18

| e e | ▶ | -ee | ▶ | bee | |
| e a | | -ea | | sea |  |

Unit 19

| o a | ▶ | -oa | ▶ | boat |  |
| o w | | -ow | | bow | |

Unit 20

| o i | ▶ | -oi | ▶ | coin | |
| o y | | -oy | | boy | 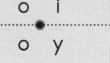 |

Unit 21

o o   ▶   -oo   ▶   zoo

o u   -ou   house

Unit 22

a r   ▶   -ar   ▶   car

o r   -or   corn

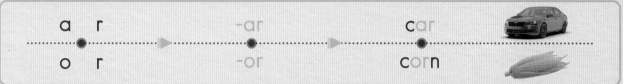

Unit 23

e r   ▶   -er   ▶   singer

i r   ▶   -ir   ▶   bird

u r   -ur   fur

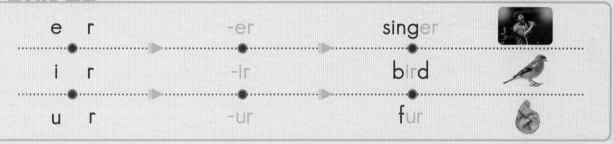

☑ 일별 체크리스트

Unit 17		나의 평가는? ☆☆☆☆☆	Unit 21		나의 평가는? ☆☆☆☆☆
____월	____일		____월	____일	
Unit 18		나의 평가는? ☆☆☆☆☆	Unit 22		나의 평가는? ☆☆☆☆☆
____월	____일		____월	____일	
Unit 19		나의 평가는? ☆☆☆☆☆	Unit 23		나의 평가는? ☆☆☆☆☆
____월	____일		____월	____일	
Unit 20		나의 평가는? ☆☆☆☆☆	Unit 24 Wrap-up		나의 평가는? ☆☆☆☆☆
____월	____일		____월	____일	

-ay -ai

ay

[에이]

day

[데이]

01 잘 듣고 큰 소리로 따라 읽고 써 보세요.

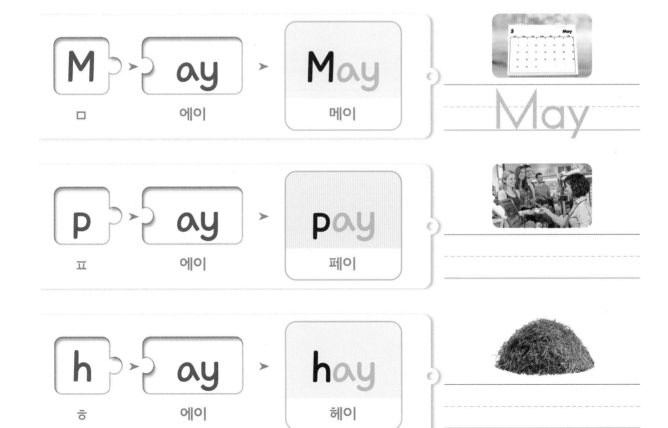

M	ay	May	
ㅁ	에이	메이	May

p	ay	pay	
ㅍ	에이	페이	

h	ay	hay	
ㅎ	에이	헤이	

a가 y, i와 나란히 붙으면
장모음 a와 동일하게 / 에이 / 소리를 내요.

ai
[에이]

rain
[레인]

02 잘 듣고 큰 소리로 따라 읽고 써 보세요.

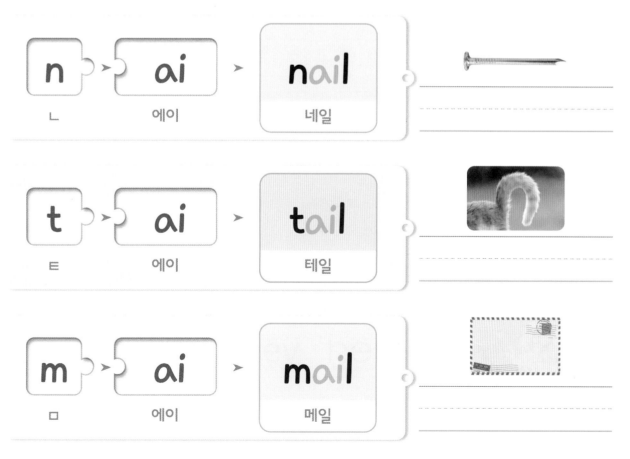

| n | > | ai | > | nail | | |
| ㄴ | | 에이 | | 네일 | | |

| t | > | ai | > | tail | | |
| ㅌ | | 에이 | | 테일 | | |

| m | > | ai | > | mail | | |
| ㅁ | | 에이 | | 메일 | | |

115

그림을 보며 알맞은 글자를 연결하고 써 보세요.

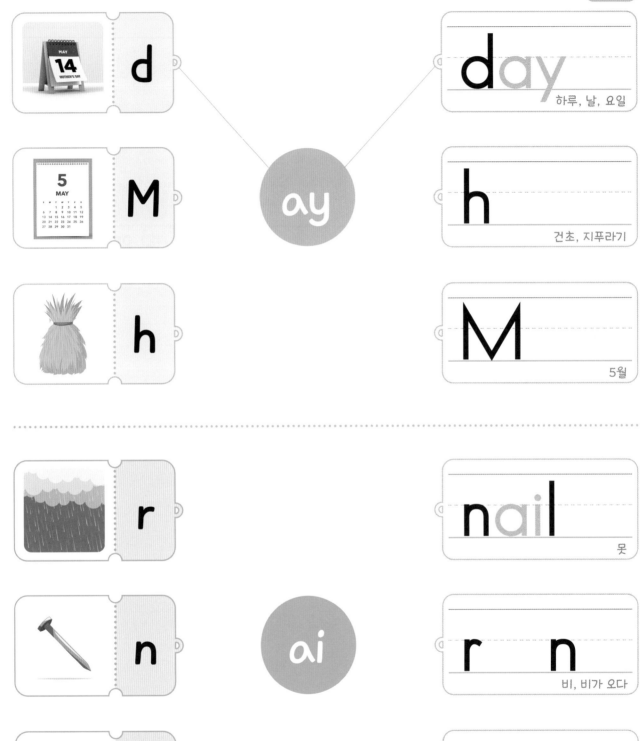

d

M

h

ay

day
하루, 날, 요일

h
건초, 지푸라기

M
5월

r

n

t

ai

nail
못

r　n
비, 비가 오다

t　l
꼬리

그림을 보며 알맞은 단어를 만들고 써 보세요.

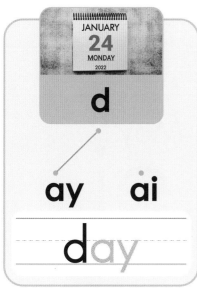

d

ay — ai

day

t

ayl   ail

_____

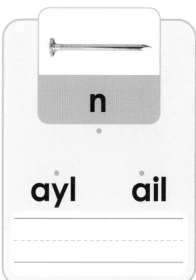

n

ayl   ail

_____

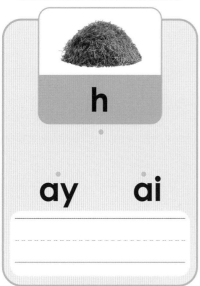

h

ay   ai

_____

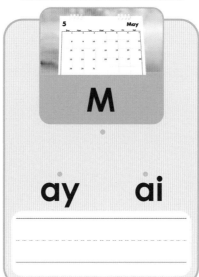

M

ay   ai

_____

r

ayn   ain

_____

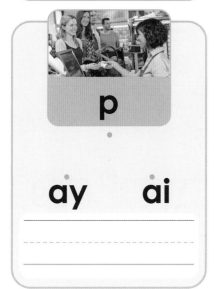

p

ay   ai

_____

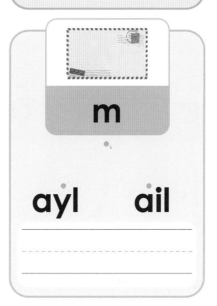

m

ayl   ail

_____

이제 ~ay, ~ai
단어들은 모두
읽을 수 있어요.

117

Review 문장으로 연습하기

01 단어와 문장을 듣고 따라 말하기

we
우리는

We don't have rain in May. 5월에는 비가 오지 않는다.

for
~를 위해

We pay for the cat. 우리는 그 고양이를 구매하기 위해 (돈을) 지불한다.

02 따라 쓰고 스스로 쓰기

we   we

for   for

03 주어진 단어 모두 찾기

we	for

we	play	see	for	we	play
has	are	for	your	we	for

우리는 건초 위에 있다.

☐ We are on the nail.
☐ We are on the hay.

이 우편은 너를 위한 것이다.

☐ This mail is for you.
☐ This tail is for you.

We have rain in May.
5월에는 비가 온다.

Here, this is for you.
여기, 이것은 너를 위한 거야.

-ee -ea

ee
[이-]

bee
[비이]

01 잘 듣고 큰 소리로 따라 읽고 써 보세요.

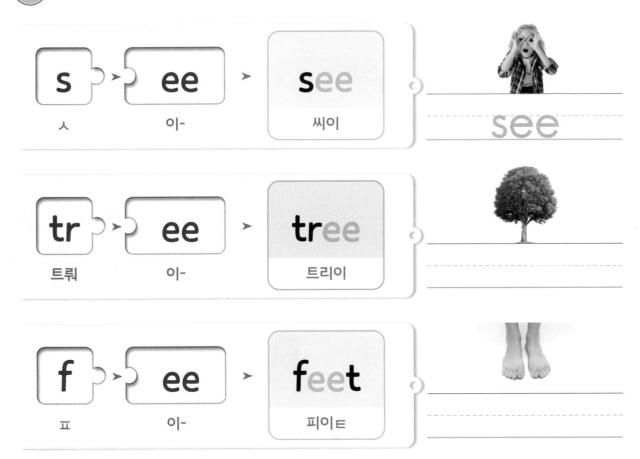

s > ee > see
ㅅ   이-   씨이

see

tr > ee > tree
트뤄   이-   트리이

f > ee > feet
ㅍ   이-   피이트

e가 e 또는 a와 나란히 붙으면
장모음 e와 동일하게 /이-/ 소리를 내요.

ea
[이-]

sea
[씨이]

02 ▷ 잘 듣고 큰 소리로 따라 읽고 써 보세요.

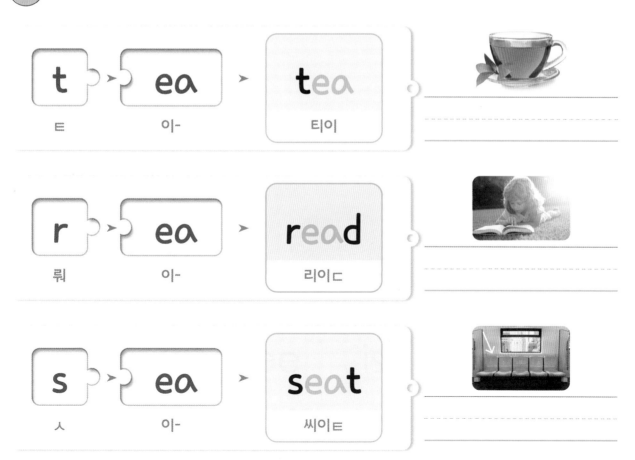

t > ea > tea
트   이-   티이

r > ea > read
뤄   이-   리이ㄷ

s > ea > seat
ㅅ   이-   씨이ㅌ

121

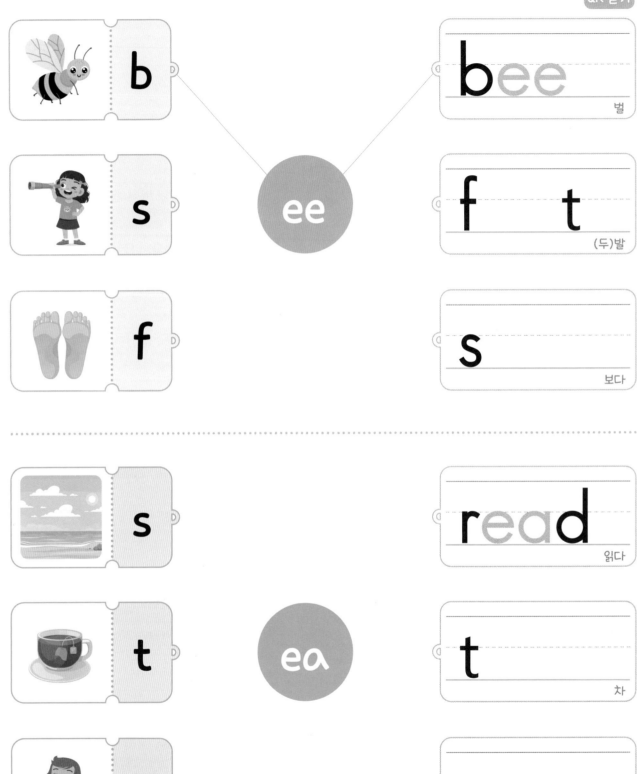

bee
벌

f t
(두)발

s
보다

read
읽다

t
차

s
바다

122

그림을 보며 알맞은 단어를 만들고 써 보세요.

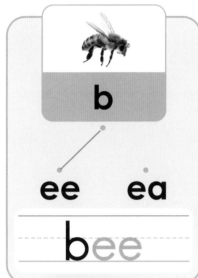

b

ee   ea

bee

s

ee   ea

f

eet   eat

r

eed   ead

t

ee   ea

s

ee   ea

s

eet   eat

tr

ee   ea

이제 ~ee, ~ea
단어들은 모두
읽을 수 있어요.

123

01 단어와 문장을 듣고 따라 말하기

go
가다

Let's go to the tree. 그 나무로 가자.

sit
앉다

Please, sit on this seat. 이 자리에 앉아주세요.

02 따라 쓰고 스스로 쓰기

go   go

sit   sit

03 주어진 단어 모두 찾기

go   **sit**

sit	play	see	go	**please**	go
has	**sit**	for	sit	we	for

04 그림을 보고 알맞은 문장 고르기

바다로 가자.

☐ Let's go to the sea.
☐ Let's go to the tree.

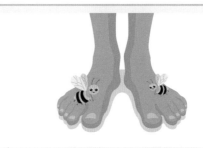

벌들은 내 발 위에 앉는다.

☐ Bees sit on my feet.
☐ Bees sit on my tea.

05 문장을 읽고 알맞은 그림 고르기

We go and
see the sea.

우리는 가서 바다를 본다.

Bees!
They sit on my tea.

벌들이다! 그것들은 내 차 위에 앉는다.

-oa -ow

oa
[오우]

boat
[보우ㅌ]

01 잘 듣고 큰 소리로 따라 읽고 써 보세요.

c	oa	coat
ㅋ	오우	코우ㅌ

coat

g	oa	goat
ㄱ	오우	고우ㅌ

r	oa	road
뤄	오우	로우ㄷ

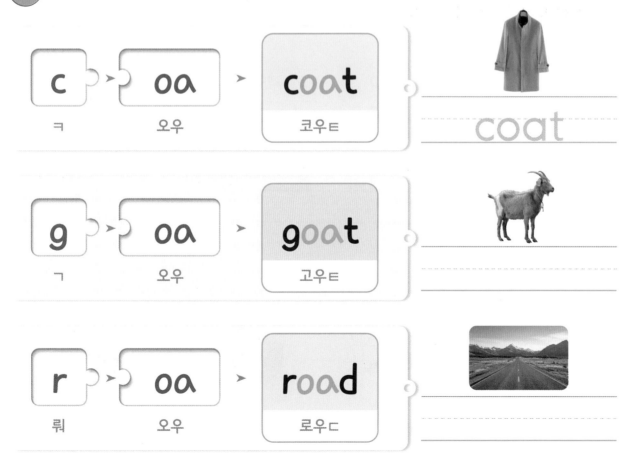

o가 a 또는 w와 나란히 붙으면
장모음 o와 동일하게 / 오우 / 소리를 내요.

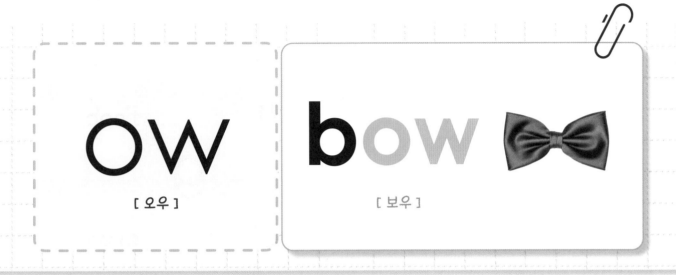

ow

[오우]

bow

[보우]

02 잘 듣고 큰 소리로 따라 읽고 써 보세요.

r	ow	row
뤄	오우	로우

b	ow	bowl
ㅂ	오우	보울

sn	ow	snow
스ㄴ	오우	스노우

03 그림을 보며 알맞은 글자를 연결하고 써 보세요.

QR 듣기

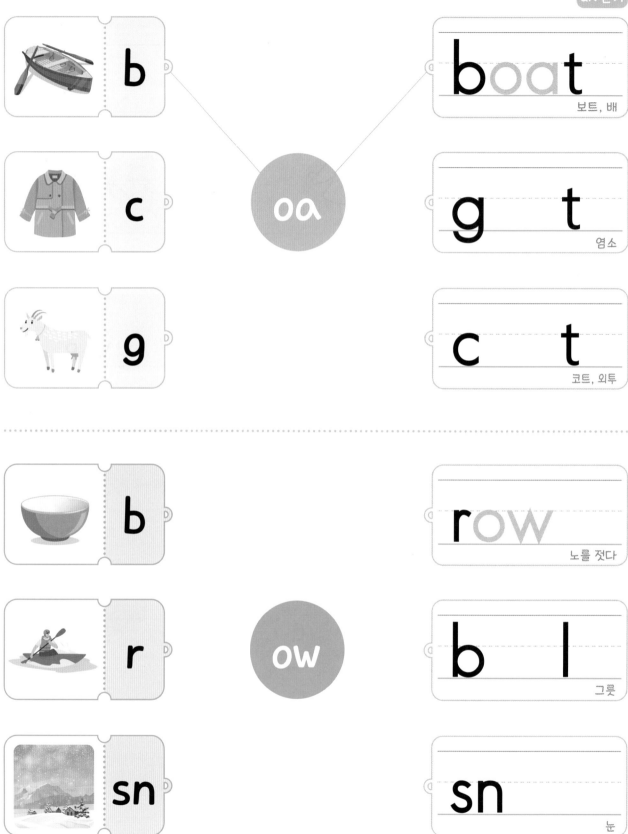

b

c

g

oa

boat
보트, 배

g   t
염소

c   t
코트, 외투

b

r

ow

sn

row
노를 젓다

b   l
그릇

sn
눈

128

그림을 보며 알맞은 단어를 만들고 써 보세요.

b

oa   ow

b̲o̲w̲

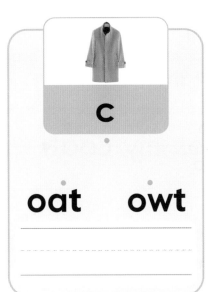

c

oat   owt

r

oa   ow

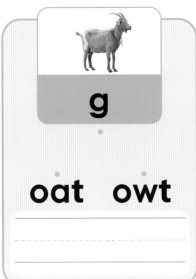

g

oat   owt

sn

oa   ow

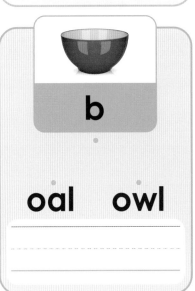

b

oal   owl

b

oat   owt

r

oad   owd

이제 ~oa, ~ow
단어들은 모두
읽을 수 있어요.

Review 문장으로 연습하기

QR 듣기

01 단어와 문장을 듣고 따라 말하기

put
두다

I put on my coat. 나는 내 코트를 입는다.

walk
걷다

I walk on the road. 나는 그 길을 걷는다.

02 따라 쓰고 스스로 쓰기

put   put

walk   walk

03 주어진 단어 모두 찾기

put   **walk**

sit	put	see	put	**walk**	*go*
has	**are**	walk	am	we	put

나는 눈 속에서 걷는다.

☐ I walk in the rain.
☐ I walk in the snow.

나는 배 위에 염소를 본다.

☐ I see a goat on a bowl.
☐ I see a goat on a boat.

Don't walk on the road.

그 길에서 걷지 마라.

I put on the bow.

나는 넥타이를 한다.

-oi -oy

oi
[오이]

coin
[코인]

01 잘 듣고 큰 소리로 따라 읽고 써 보세요.

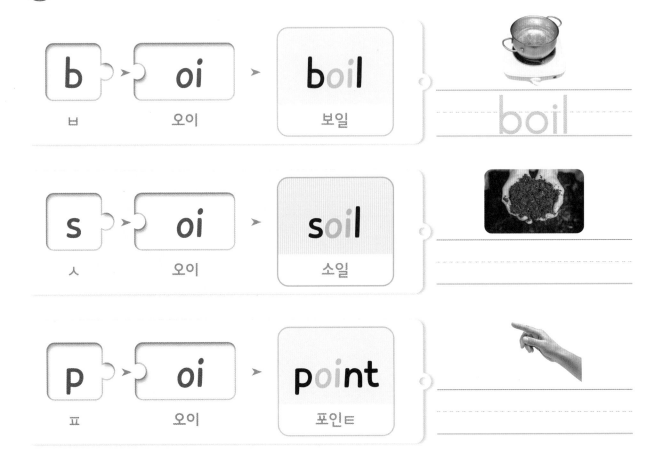

b	oi	boil	boil
ㅂ	오이	보일	

s	oi	soil	
ㅅ	오이	소일	

p	oi	point	
ㅍ	오이	포인트	

oy

[오이]

b oy

[보이]

02 잘 듣고 큰 소리로 따라 읽고 써 보세요.

j	oy	j oy
ㅈ	오이	조이

s	oy	s oy
ㅅ	오이	소이

t	oy	t oy
ㅌ	오이	토이

133

03 그림을 보며 알맞은 글자를 연결하고 써 보세요.

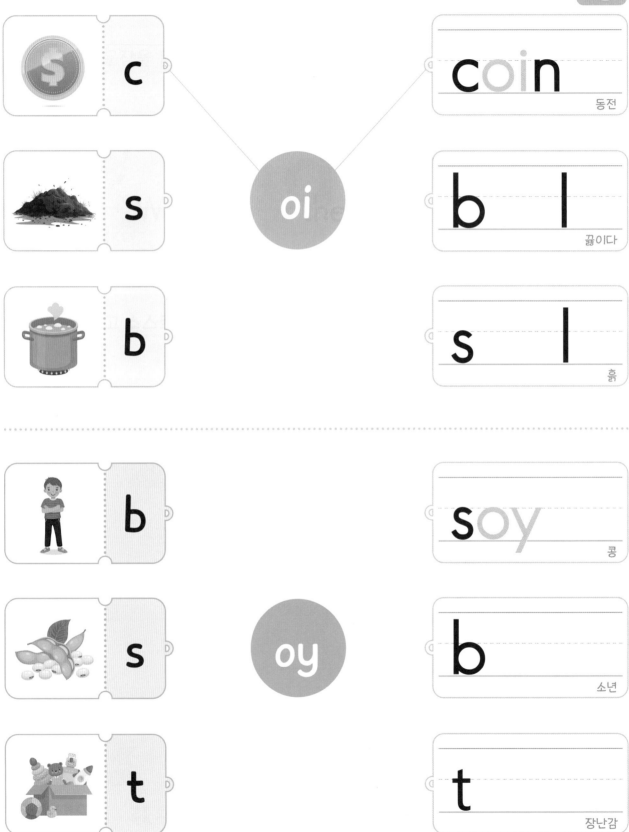

c

s

b

oi

coin
동전

b l
끓이다

s l
흙

b

s

oy

soy
콩

b
소년

t

t
장난감

그림을 보며 알맞은 단어를 만들고 써 보세요.

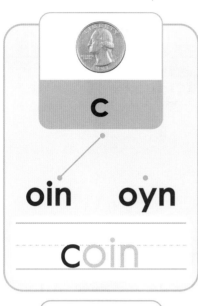

c

oin   oyn

c oin

b

oi   oy

p

oint   ownt

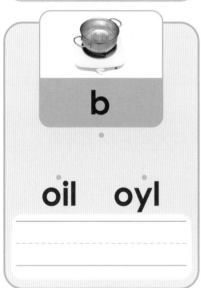

b

oil   oyl

t

oi   oy

j

oi   oy

s

oi   oy

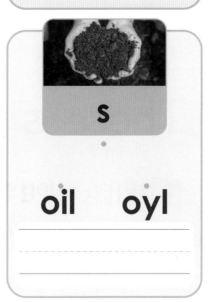

s

oil   oyl

이제 ~oi, ~oy
단어들은 모두
읽을 수 있어요.

135

QR 듣기

01 단어와 문장을 듣고 따라 말하기

There is
~가(이) 있다

There is **a toy.** 장난감이 있다.
There is **a coin.** 동전이 있다.

02 따라 쓰고 스스로 쓰기

There is

03 단어 완성하기

| | h | | | e | | s |

04 주어진 단어 모두 찾기

There is

They have	There is	It is	They are	It is
It is	They are	There is	You are	There is

136

소년이 있다.

☐ There is a toy.
☐ There is a boy.

그들은 동전을 가리킨다.

☐ They point to the coin.
☐ They point to the soil.

There is a coin in the soil.

흙 속에 동전이 있다.

They boil water.

그들은 물을 끓인다.

-oo -ou

oo

[우-]

zoo

[주우]

01 잘 듣고 큰 소리로 따라 읽고 써 보세요.

| b | → | oo | → | boot |
| ㅂ | | 우- | | 부우트 |

boot

| m | → | oo | → | moon |
| ㅁ | | 우- | | 무운 |

| p | → | oo | → | pool |
| ㅍ | | 우- | | 푸울 |

o가 o와 나란히 붙으면 / 우 / 또는 / 우- / 소리를,
o가 u와 나란히 붙으면 / 아우 / 소리를 내요.

ou
[아우]

house
[하우ㅅ]

02 잘 듣고 큰 소리로 따라 읽고 써 보세요.

| m | ou | mouse |
| ㅁ | 아우 | 마우ㅅ |

| l | ou | loud |
| ㄹ | 아우 | 라우ㄷ |

| r | ou | round |
| 뤄 | 아우 | 라운ㄷ |

03 그림을 보며 알맞은 글자를 연결하고 써 보세요.

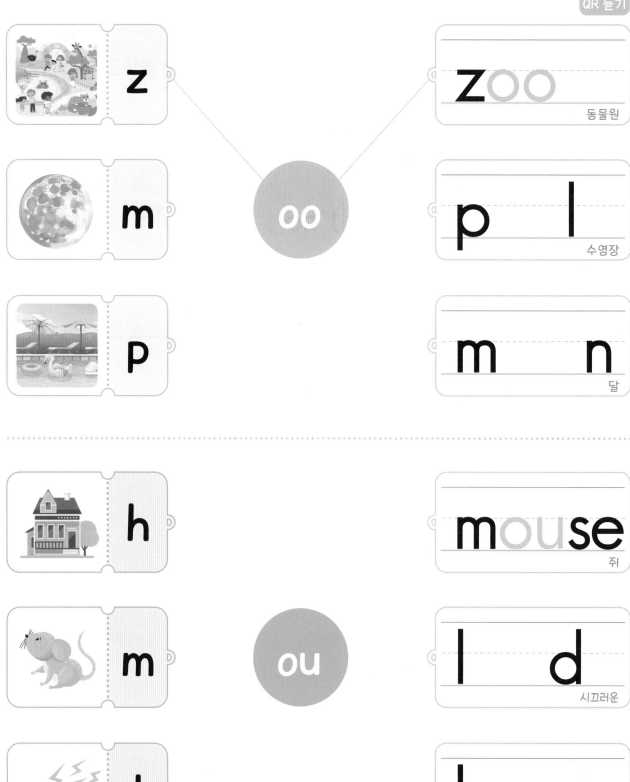

z

m

p

oo

z oo
동물원

p l
수영장

m n
달

h

m

l

ou

mouse
쥐

l d
시끄러운

h se
집, 주택

그림을 보며 알맞은 단어를 만들고 써 보세요.

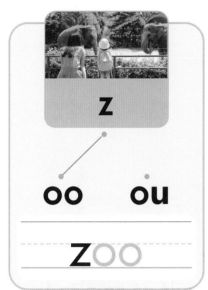

z

oo   ou

zoo

m

oon   ouk

_____

r

oond   ound

_____

m

oose   ouse

_____

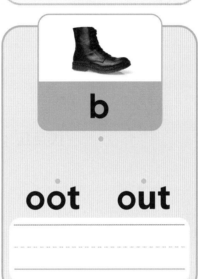

b

oot   out

_____

l

ool   oud

_____

h

oose   ouse

_____

p

ool   oul

_____

이제 ~oo, ~ou
단어들은 모두
읽을 수 있어요.

Review 문장으로 연습하기

QR 듣기

01 단어와 문장을 듣고 따라 말하기

come to
~에 오다

Come to the zoo. 동물원에 와라.

They come to the pool. 그들은 그 풀장에 온다.

02 따라 쓰고 스스로 쓰기

come to

03 단어 완성하기

	o		e		o

04 주어진 단어 모두 찾기

come to

There is	come to	It is	**They are**	come to
It is	**They are**	come to	You are	There is

142

그림을 보고 알맞은 문장 고르기

그들은 내 집에 온다.

☐ They come to the zoo.
☐ They come to my house.

시끄러운 쥐가 있다.

☐ There is a loud mouse.
☐ There is a loud house.

문장을 읽고 알맞은 그림 고르기

There is a round moon in the sky.

하늘에 둥근 달이 (떠) 있다.

☐  ☐

Come to the small pool.

작은 수영장으로 와라.

☐  ☐

-ar -or

ar

[아알, 아르]

car

[카르]

01 잘 듣고 큰 소리로 따라 읽고 써 보세요.

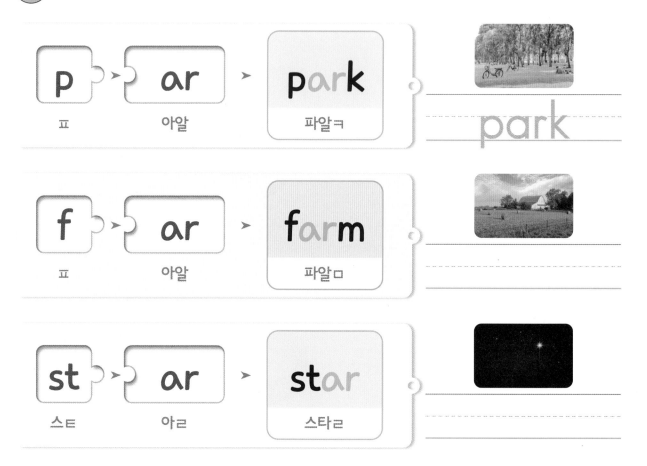

p	ar	park
ㅍ	아알	파알ㅋ

park

f	ar	farm
ㅍ	아알	파알ㅁ

st	ar	star
스트	아르	스타르

a가 r과 나란히 붙으면 / 아알, 아르 / 소리를,
o가 r과 나란히 붙으면 / 오올 / 소리를 내요.

or
[오올]

corn
[코올ㄴ]

02 잘 듣고 큰 소리로 따라 읽고 써 보세요.

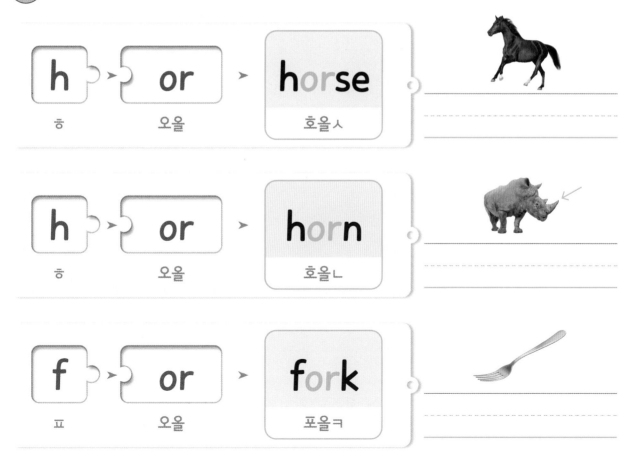

h	or	horse
ㅎ	오올	호올ㅅ

h	or	horn
ㅎ	오올	호올ㄴ

f	or	fork
ㅍ	오올	포올ㅋ

03 그림을 보며 알맞은 글자를 연결하고 써 보세요.

QR 듣기

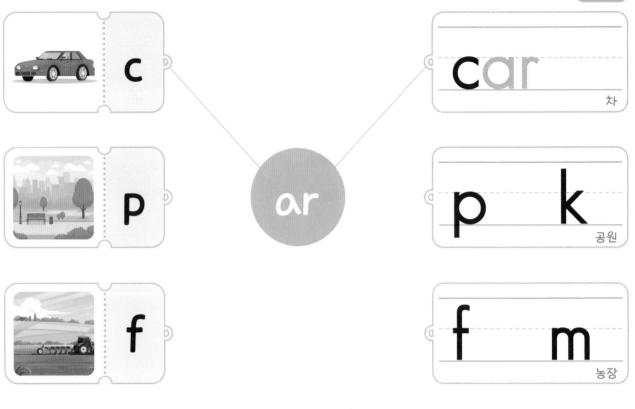

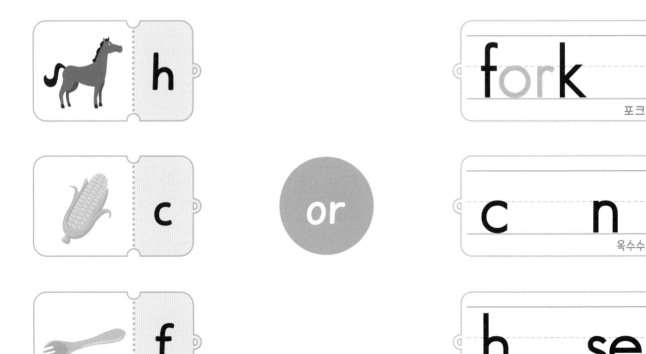

146

04 그림을 보며 알맞은 단어를 만들고 써 보세요.

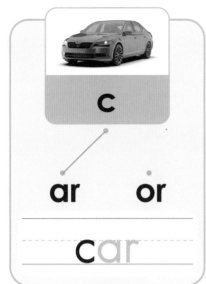

c

ar   or

———————

car

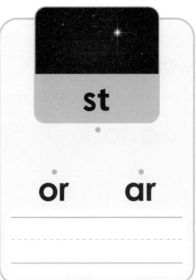

st

or   ar

———————

———————

p

ark   ork

———————

———————

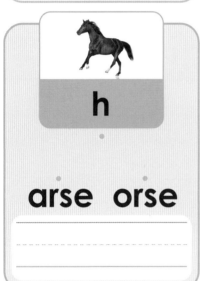

h

arse   orse

———————

———————

f

arm   orm

———————

———————

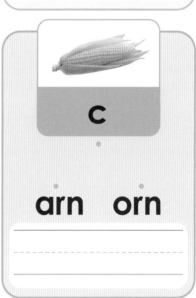

c

arn   orn

———————

———————

f

ark   ork

———————

———————

h

arn   orn

———————

———————

이제 ~ar, ~or
단어들은 모두
읽을 수 있어요.

Review 문장으로 연습하기

01 단어와 문장을 듣고 따라 말하기

not
~아니다

It is not a fork 그것은 포크가 아니다.

little
작은

It is a little star. 그것은 작은 별이다.

02 따라 쓰고 스스로 쓰기

not not   little little

03 주어진 단어 모두 찾기

not   **little**

sit	not	see	not	**little**	go
little	**on**	little	your	we	not

04 그림을 보고 알맞은 문장 고르기

말은 농장에 없다.

☐ A horse is not in the park.
☐ A horse is not in the farm.

그것은 공원이 아니다.

☐ It is a park.
☐ It is not a park.

05 문장을 읽고 알맞은 그림 고르기

Look at the little car.
저 작은 차를 봐.

☐

☐

It is a little corn.
그것은 작은 옥수수이다.

☐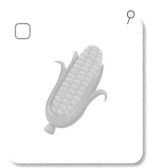

☐

-er -ir -ur

er
[어ㄹ]

singer
[싱어ㄹ]

01 잘 듣고 큰 소리로 따라 읽고 써 보세요.

farm → er → farmer
파알ㅁ   어ㄹ   파알머ㄹ

farmer

teach → er → teacher
티이취   어ㄹ   티이쳐ㄹ

dance → er → dancer
댄스   어ㄹ   댄서ㄹ

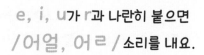 e, i, u가 r과 나란히 붙으면
/어얼, 어ㄹ/ 소리를 내요.

ir

[어얼]

bird

[버얼ㄷ]

02 잘 듣고 큰 소리로 따라 읽고 써 보세요.

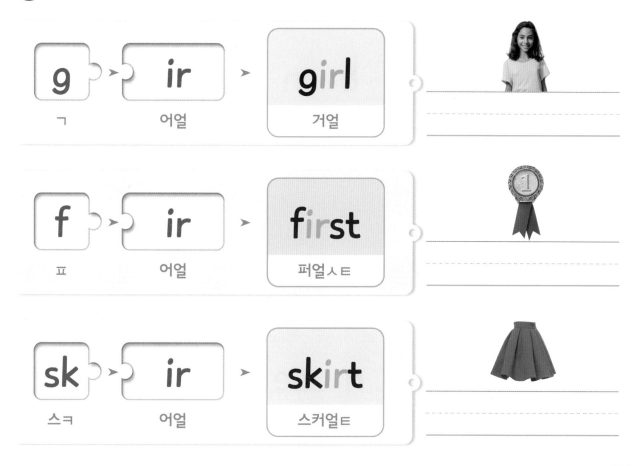

g	ir	girl
ㄱ	어얼	거얼

f	ir	first
ㅍ	어얼	퍼얼ㅅㅌ

sk	ir	skirt
스ㅋ	어얼	스커얼ㅌ

e, i, u가 r과 나란히 만나면
어떤 소리가 나는지 잘 듣고 따라 해 보아요.

QR 듣기

ur	fur
[어얼, 어ㄹ]	[퍼ㄹ]

03 잘 듣고 큰 소리로 따라 읽고 써 보세요.

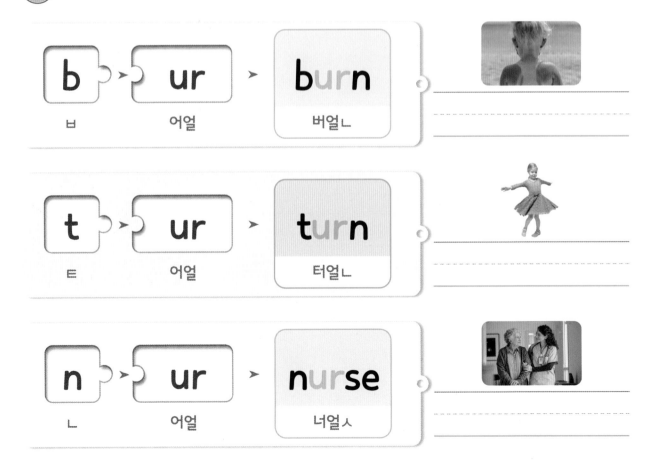

b	ur	burn
ㅂ	어얼	버얼ㄴ

t	ur	turn
ㅌ	어얼	터얼ㄴ

n	ur	nurse
ㄴ	어얼	너얼ㅅ

04 그림을 보며 알맞은 글자를 연결하고 써 보세요.

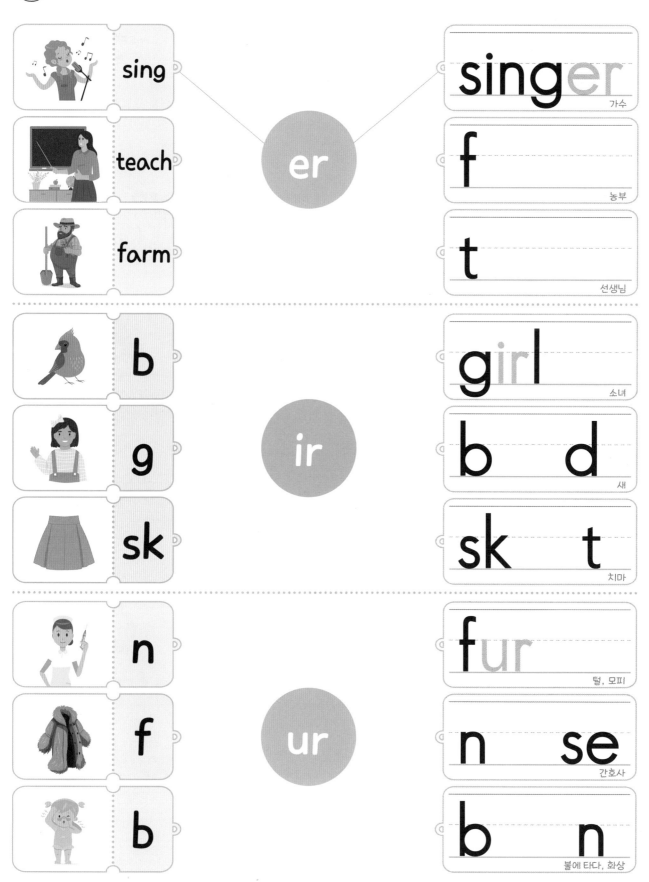

sing · · er · singer 가수

teach · · f ___ 농부

farm · · t ___ 선생님

b · · girl 소녀

g · ir · b ___ d 새

sk · · sk ___ t 치마

n · · fur 털, 모피

f · ur · n ___ se 간호사

b · · b ___ n 불에 타다, 화상

153

그림을 보며 알맞은 단어를 만들고 써 보세요.

sing

ir   er

sing*er*

n

irse   urse

t

ern   urn

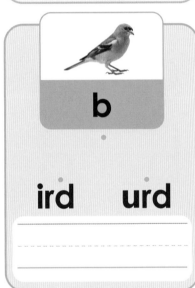

b

ird   urd

teach

er   ir

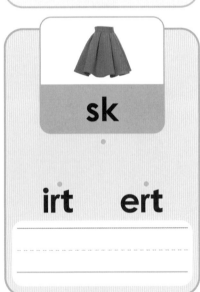

sk

irt   ert

f

ir   ur

g

irl   url

farm

er   ir

154

Review 문장으로 연습하기

QR 듣기

01 단어와 문장을 듣고 따라 말하기

he
그는

He is a singer. 그는 가수이다.

she
그녀는

She has a skirt. 그녀는 치마를 가지고 있다.

02 따라 쓰고 스스로 쓰기

he   he   she   she

03 주어진 단어 모두 찾기

he   **she**

she	under	they	(he)	**with**	don't
your	**he**	in	with	she	they

155

그는 농부이다.

- ☐ He is a nurse.
- ☐ He is a farmer.

그녀는 털코트를 가지고 있다.

- ☐ She has a fur skirt.
- ☐ She has a fur coat.

He is a teacher.
그는 선생님이다.

She has a little bird.
그녀는 작은 새를 가지고 있다.

잘 따라오고
있나요?

01 그림을 보고 알맞은 단어를 찾아 두 번 쓰세요.

day
May
hay

1 hay

2 ay

3 ay

rain
nail
tail

4 nail

5 in

6 il

bee
see
feet

7 feet

8 ee

9 ee

02 그림을 보고 알맞은 단어를 찾아 동그라미 하세요.

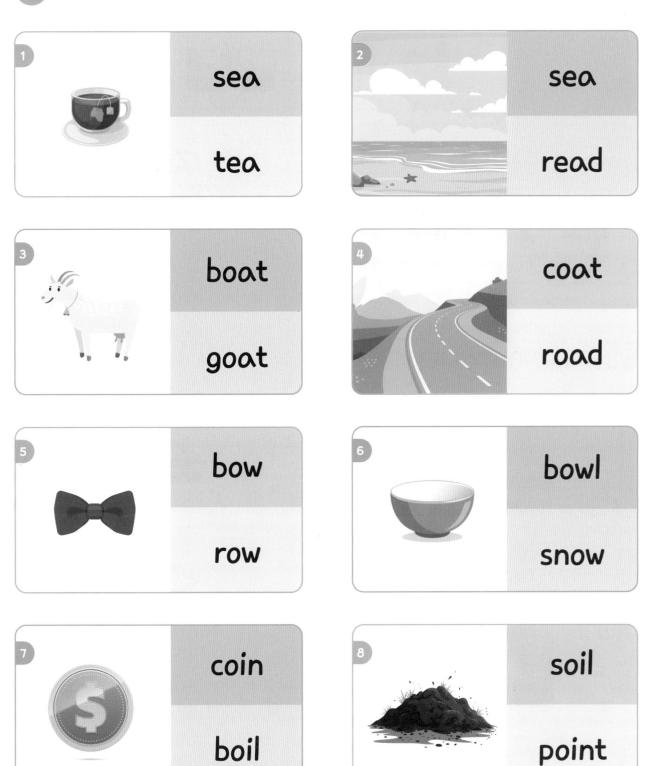

1
sea
tea

2
sea
read

3
boat
goat

4
coat
road

5
bow
row

6
bowl
snow

7
coin
boil

8
soil
point

단어를 읽고 그림을 찾아 동그라미 하세요.

boy

soy

moon

zoo

04 그림을보고 소리들을 합쳐 단어를 만들어 보세요.

h		oy
m		oo
r		ou

_ _ _ s e

c		ar
f		or
t		ube

_ _ _

d		er
s		ir
t		ur

_ ing

b		er
f		ir
g		ur

_ _

_ _ _ d

다음 주어진 단어들을 배열하여 문장을 완성하세요.

1 go Let's to the tree

➡ _____

2 I on the road walk

➡ _____

3 is a toy There

➡ _____

06 다음 우리말에 맞게 보기에서 알맞은 단어를 골라 쓰세요.

for   on   come to

1 We pay _____ the cat.

우리는 고양이를 구매하기 위해 돈은 지불한다.

2 They _____ the pool.

그들은 그 풀장에 온다.

3 We sit _____ the seat.

우리는 자리에 앉는다.

정답
찾아보기

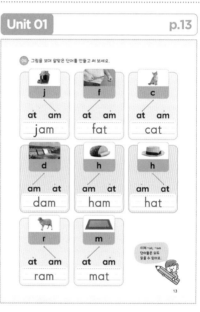
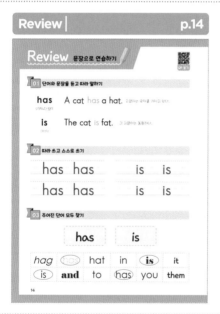

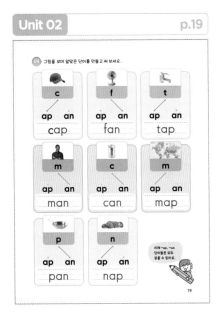

그림을 보며 알맞은 단어를 만들고 써 보세요.

cap / fan / tap
man / can / map
pan / nap

이제 ~ap, ~an 단어들은 모두 읽을 수 있어요.

Review 문장으로 연습하기

01 단어와 문장을 듣고 따라 말하기

this　This is my hat.
my　This is my pan.

02 따라 쓰고 스스로 쓰기

this this　my my
this this　my my

03 주어진 단어 모두 찾기

this　my

have has (my) has is (this)
(this) and to am (this) (my)

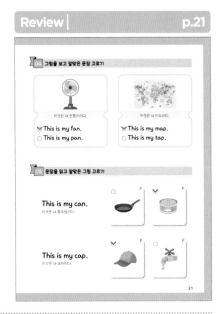

04 그림을 보고 알맞은 문장 고르기

☑ This is my fan.　☑ This is my map.
☐ This is my pan.　☐ This is my tap.

05 문장을 읽고 알맞은 그림 고르기

This is my can.
This is my cap.

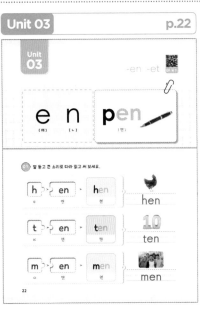

Unit 03　-en -et

e n　p en　pen

01 잘 듣고 큰 소리로 따라 읽고 써 보세요.

h → en → hen　hen
t → en → ten　ten / 10
m → en → men　men

e t　j et　jet

02 잘 듣고 큰 소리로 따라 읽고 써 보세요.

n → et → net　net
v → et → vet　vet
w → et → wet　wet

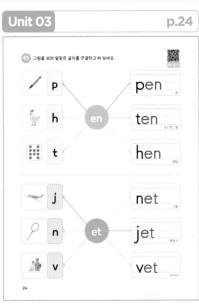

03 그림을 보며 알맞은 글자를 연결하고 써 보세요.

p / h / t　en　pen / ten / hen
j / n / v　et　net / jet / vet

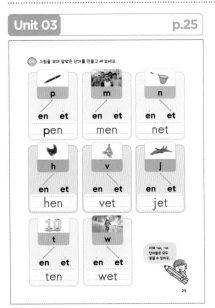

04 그림을 보며 알맞은 단어를 만들고 써 보세요.

pen / men / net
hen / vet / jet
ten / wet

이제 ~en, ~et 단어들은 모두 읽을 수 있어요.

Review 문장으로 연습하기

01 단어와 문장을 듣고 따라 말하기

have　The men have a net.
are　The men are vets.

02 따라 쓰고 스스로 쓰기

have have　are are
have have　are are

03 주어진 단어 모두 찾기

have　are

is (have) see is (are) my
has (are) to has (have) this

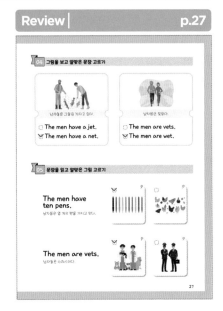

04 그림을 보고 알맞은 문장 고르기

☐ The men have a jet.　☐ The men are vets.
☑ The men have a net.　☑ The men are wet.

05 문장을 읽고 알맞은 그림 고르기

The men have ten pens.
The men are vets.

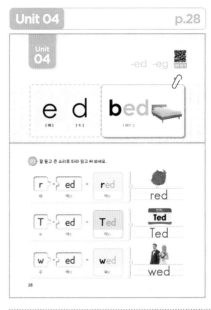

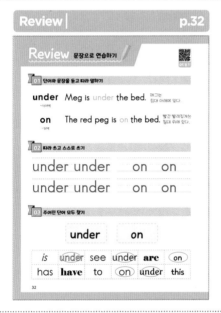

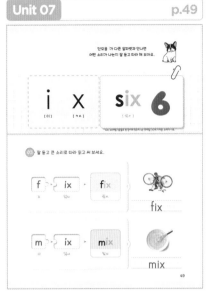

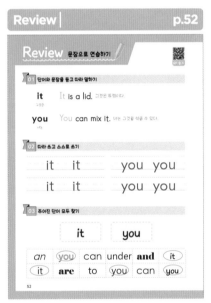

167

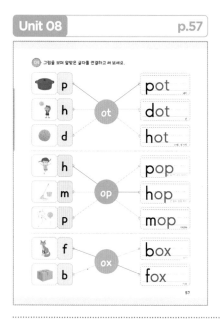

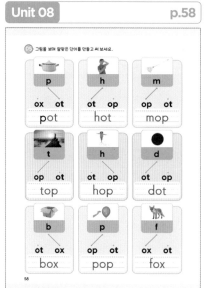

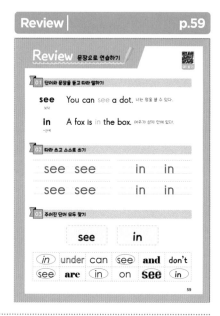

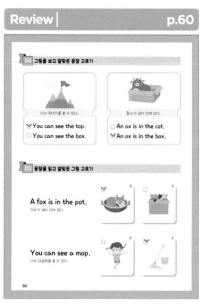

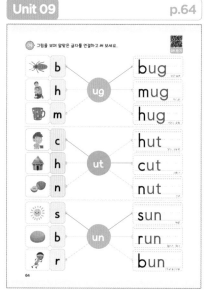

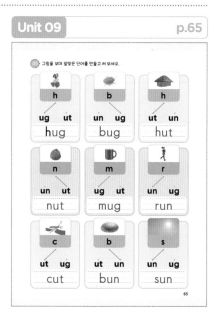

Review 문장으로 연습하기

01 단어와 문장을 듣고 따라 말하기

look | Look at the mug. 그 머그잔을 봐.

the | The bun is hot. 그 빵은 뜨겁다.

02 따라 쓰고 스스로 쓰기

look look | the the

look look | the the

03 주어진 단어 모두 찾기

look | the

| the | look | can | you | the | don't |
| look | are | in | look | see | the |

66

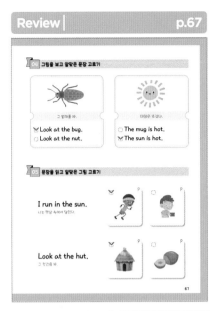

04 그림을 보고 알맞은 문장 고르기

✓ Look at the bug.
○ Look at the nut.

○ The mug is hot.
✓ The sun is hot.

05 문장을 읽고 알맞은 그림 고르기

I run in the sun. 나는 햇살 속에서 달린다.

Look at the hut. 그 판잣집을 봐.

67

Unit 10
Wrap-up

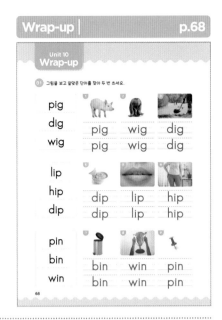

01 그림을 보고 알맞은 단어를 찾아 두 번 쓰세요.

pig
dig
wig
| pig | wig | dig |
| pig | wig | dig |

lip
hip
dip
| dip | lip | hip |
| dip | lip | hip |

pin
bin
win
| bin | win | pin |
| bin | win | pin |

68

UNITS 06 - 09

02 그림을 보고 알맞은 단어를 찾아 동그라미 하세요.

sit / hit | pit / kit

kid / hid | mid / lid

fix / six | box / fox

dot / hot | pot / cot

69

03 단어를 읽고 그림을 찾아 동그라미 하세요.

hop | pop

hug | mug

04 그림을 보고 소리들을 합쳐 단어를 만들어 보세요.

s u n | b o x

m i x | f u n

70

05 다음 주어진 단어를 배열하여 문장을 완성하세요.

can Pigs dig
→ Pigs can dig.

It a lid is
→ It is a lid.

see can a pot You
→ You can see a pot.

06 다음 우리말에 맞게 보기에서 알맞은 단어를 골라 쓰세요.

don't Look in

Pigs don't have fins. 돼지들은 지느러미가 없다.

A fox is in the box. 여우가 상자 안에 있다.

Look at the hut. 그 판잣집을 봐.

71

Unit
11
-ake -ate -ape

ake [에이ㅋ] | c cake [케이ㅋ]

01 잘 듣고 큰 소리로 따라 읽고 써 보세요.

b - ake → bake [베이ㅋ] → bake

l - ake → lake [레이ㅋ] → lake

m - ake → make [메이ㅋ] → make

74

알파벳 이름 a와 동일하게 / 에이 / 하고 길게 소리 나는 단어를 잘 듣고 따라 써 보세요.

ate [에이ㅌ] | g gate [게이ㅌ]

02 잘 듣고 큰 소리로 따라 읽고 써 보세요.

l - ate → late [레이ㅌ] → late

d - ate → date [데이ㅌ] → date

h - ate → hate [헤이ㅌ] → hate

75

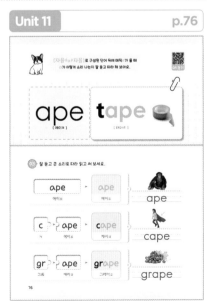

[자음+a+자음]로 구성된 단어 뒤에 매직e가 올 때 a가 어떻게 소리 나는지 잘 듣고 따라 해 보아요.

ape [에이ㅍ] | t tape [테이ㅍ]

03 잘 듣고 큰 소리로 따라 읽고 써 보세요.

ape [에이ㅍ] → ape

c - ape → cape [케이ㅍ] → cape

gr - ape → grape [그레이ㅍ] → grape

76

169

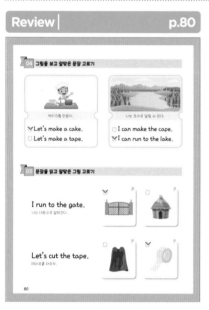

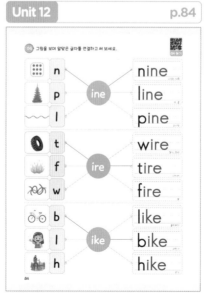

170

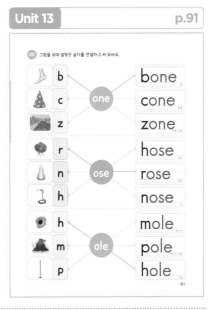

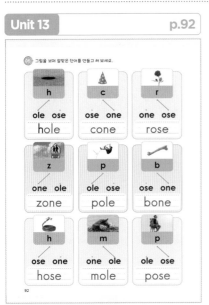

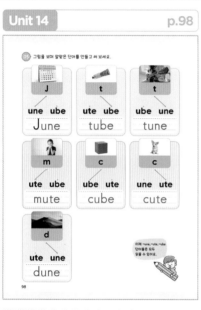

그림을 보며 알맞은 단어를 만들고 써 보세요.

p	d	t
ie y	ie y	y ie
pie	die	tie

l	sh	sk
y ie	y ie	ie y
lie	shy	sky

fl	cr
ie y	ie y
fly	cry

이렇게 -ie, -y 단어들은 모두 [아이] 읽을 수 있어요.

104

Review 문장으로 연습하기

01 단어와 문장을 듣고 따라 말하기

play   Don't play with the pie. 파이를 가지고 놀지 마라.
놀다

please   Don't cry, please. 제발 울지 마라.
제발

02 따라 쓰고 스스로 쓰기

play play   please
play play   please

03 주어진 단어 모두 찾기

play   please

is	play	see	is	please	play
has	are	please	you	play	this

105

04 그림을 보고 알맞은 문장 고르기

☑ Don't lie, please.
☐ Don't cry, please.

☐ Don't play with the die.
☑ Don't play with the tie.

05 문장을 읽고 알맞은 그림 고르기

Don't be shy, please. 제발 수줍어하지 마라.

Don't play with the pie. 파이를 가지고 놀지 마라.

106

Unit 16 Wrap-up

01 그림을 보고 알맞은 단어를 찾아 두 번 쓰세요.

cake
bake
lake

cake lake bake
cake lake bake

gate
late
date

late gate date
late gate date

tape
cape
grape

cape tape grape
cape tape grape

108

UNIT 11 - 15

02 그림을 보고 알맞은 단어를 찾아 동그라미 하세요.

nine / pine   line / wine

wire / fire   hire / tire

bike / mike   hike / like

bone / stone   cone / zone

109

03 단어를 읽고 그림을 찾아 동그라미 하세요.

rose   nose

mole   pole

04 그림을 보고 소리들을 합쳐 단어를 만들어 보세요.

m j t   une ute ube → J u n e
c m t   une ute ube → c u b e

sk p r   ose ie y → p i e
cr t p   ose ie y → t i e

110

05 다음 주어진 단어들을 배열하여 문장을 완성하세요.

1) am   I   Mike
→ I am Mike.

2) don't   like   They   roses
→ They don't like roses.

3) have   here   I   a cube
→ I have a cube here.

06 다음 우리말에 맞게 보기에서 알맞은 단어를 골라 쓰세요.

small   your   play

1) Is this your bike? 이것은 너의 자전거니?

2) The small mole is in the hole. 작은 두더지는 구멍 안에 있다.

3) Don't play with the pie. 파이를 갖고 놀지 마라.

111

Unit 17   -ay -ai

ay [에이]   day [데이]

01 잘 듣고 쓴 소리를 따라 읽고 써 보세요.

M ㅁ + ay 에이 → May 메이 → May
p ㅍ + ay 에이 → pay 페이 → pay
h ㅎ + ay 에이 → hay 헤이 → hay

114

-ai가 낱말의 처음이나 나중에 붙으면
장모음 a와 동일하게 / 에이 / 소리를 내요.

ai [에이]   rain [레인]

02 잘 듣고 쓴 소리를 따라 읽고 써 보세요.

n ㄴ + ai 에이 → nail 네일 → nail
t ㅌ + ai 에이 → tail 테일 → tail
m ㅁ + ai 에이 → mail 메일 → mail

115

173

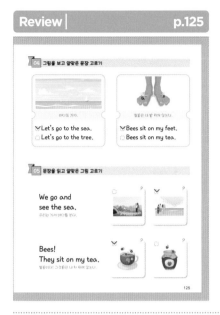

04 그림을 보고 알맞은 문장 고르기

☑ Let's go to the sea.
☐ Let's go to the tree.

☑ Bees sit on my feet.
☐ Bees sit on my tea.

05 문장을 읽고 알맞은 그림 고르기

We go and see the sea.

Bees! They sit on my tea.

Unit 19

-oa -ow-

oa boat

01 잘 듣고 큰 소리로 따라 읽고 써 보세요.

c + oa → coat boat
g + oa → goat goat
r + oa → road road

ow bow

02 잘 듣고 큰 소리로 따라 읽고 써 보세요.

r + ow → row row
b + ow → bowl bowl
sn + ow → snow snow

03 그림을 보며 알맞은 글자를 연결하고 써 보세요.

b — boat
c — coat
g — goat (oa)

b — bowl
r — row
sn — snow (ow)

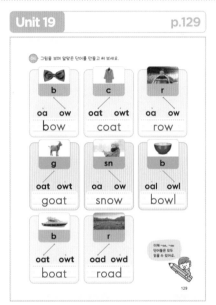

04 그림을 보며 알맞은 단어를 만들고 써 보세요.

b oa / ow bow
c oat / owt coat
r oa / ow row

g oat / owt goat
sn oa / ow snow
b oal / owl bowl

b oat / owt boat
r oad / owd road

Review 문장으로 연습하기

01 단어와 문장을 듣고 따라 말하기

put I put on my coat.
walk I walk on the road.

02 따라 쓰고 스스로 쓰기

put put walk walk
put put walk walk

03 주어진 단어 모두 찾기

put walk

sit (put) see (put) (walk) go
has are (walk) am we (put)

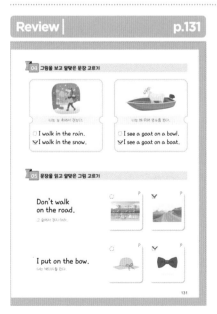

04 그림을 보고 알맞은 문장 고르기

☐ I walk in the rain.
☑ I walk in the snow.

☐ I see a goat on a bowl.
☑ I see a goat on a boat.

05 문장을 읽고 알맞은 그림 고르기

Don't walk on the road.

I put on the bow.

Unit 20

-oi -oy-

oi coin

01 잘 듣고 큰 소리로 따라 읽고 써 보세요.

b + oi → boil boil
s + oi → soil soil
p + oi → point point

oy boy

02 잘 듣고 큰 소리로 따라 읽고 써 보세요.

j + oy → joy joy
s + oy → soy soy
t + oy → toy toy

그림을 보며 알맞은 글자를 연결하고 써 보세요.

c		coin
s	oi	boil
b		soil
b		soy
s	oy	boy
t		toy

134

그림을 보며 알맞은 단어를 만들고 써 보세요.

c	b	p
oin oyn	oi oy	oint ownt
coin	boy	point

b	t	j
oil oyl	oi oy	oi oy
boil	toy	joy

s	s	
oi oy	oil oyl	
soy	soil	

이제 -oi, -oy
단어들을 모두
읽을 수 있어요.

135

Review 문장으로 연습하기

01 단어와 문장을 듣고 따라 말하기

There is ~이(가) 있다
There is a toy. 장난감이 있다.
There is a coin. 동전이 있다.

02 따라 쓰고 스스로 쓰기

There is   There is

03 단어 완성하기

T h e r e   i s

04 주어진 단어 모두 찾기

There is

They have   There is   It is   They are   It is
It is   They are   There is   You are   There is

136

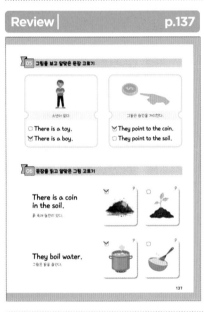

05 그림을 보고 알맞은 문장 고르기

소년이 있다	그들은 동전을 가리킨다
☐ There is a toy.	☑ They point to the coin.
☑ There is a boy.	☐ They point to the soil.

06 문장을 읽고 알맞은 그림 고르기

There is a coin in the soil. 흙 속에 동전이 있다.

They boil water. 그들은 물을 끓인다.

137

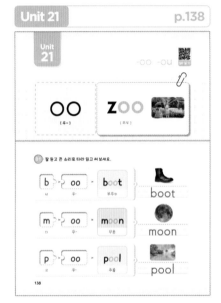

Unit 21

-oo- -ou-

OO [우-]

ZOO [주우]

01 잘 듣고 큰 소리로 따라 읽고 써 보세요.

b	oo	boot	boot
m	oo	moon	moon
p	oo	pool	pool

138

ou [아우]

house [하우스]

02 잘 듣고 큰 소리로 따라 읽고 써 보세요.

m	ou	mouse	mouse
l	ou	loud	loud
r	ou	round	round

139

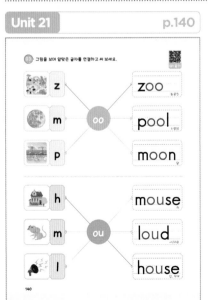

그림을 보며 알맞은 글자를 연결하고 써 보세요.

z		zoo
m	oo	pool
p		moon
h		mouse
m	ou	loud
l		house

140

그림을 보며 알맞은 단어를 만들고 써 보세요.

z	m	r
oo ou	oon ouk	oond ound
zoo	moon	round

m	b	l
oose ouse	oot out	ool oud
mouse	boot	loud

h	p	
oose ouse	ool oul	
house	pool	

이제 -oo, -ou
단어들을 모두
읽을 수 있어요.

141

Review 문장으로 연습하기

01 단어와 문장을 듣고 따라 말하기

come to ~에 오다
Come to the zoo. 동물원에 와라.
They come to the pool. 그들은 그 풀장에 온다.

02 따라 쓰고 스스로 쓰기

come to   come to

03 단어 완성하기

c o m e   t o

04 주어진 단어 모두 찾기

come to

There is   come to   It is   They are   come to
It is   They are   come to   You are   There is

142

176

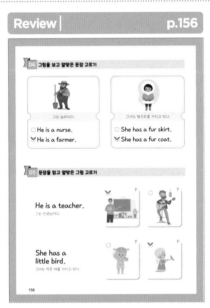

178

'공부 습관'이야말로 가장 큰 재능입니다.
재능많은영어연구소는 최고의 학습 효과를 내는
최적의 학습 플랜을 고민합니다.

소장 윤미영

경희대학교 영문학과와 같은 대학에서 석사학위를 받았습니다. 20여 년 동안 지학사, 디딤돌, 키 영어학습방법연구소, 롱테일 교육연구소에서 초등생과 중고생을 위한 영어 교재를 기획하고 만드는 일을 해 왔습니다. 베스트셀러인《문법이 쓰기다》,《단어가 읽기다》,《구문이 독해다》, 혼공 시리즈《혼공 초등 영단어》,《혼공 초등 영문법》, 바빠시리즈의《바빠 초등 필수 영단어》등을 집필했습니다.

초등영어 읽기독립 파닉스 2

1판 1쇄 발행일 2024년 5월 13일

지은이 재능많은영어연구소

발행인 김학원
발행처 휴먼어린이
출판등록 제313-2006-000161호(2006년 7월 31일)
주소 (03991) 서울시 마포구 동교로23길 76(연남동)
전화 02-335-4422 **팩스** 02-334-3427
저자·독자 서비스 humanist@humanistbooks.com
홈페이지 www.humanistbooks.com
유튜브 youtube.com/user/humanistma **포스트** post.naver.com/hmcv
페이스북 facebook.com/hmcv2001 **인스타그램** @human_kids

편집주간 황서현 **편집** 이서현 **원어민 검토** Sherwood Choe
표지 디자인 유주현 **본문 디자인** PRISM C **음원 제작** 109Sound
용지 화인페이퍼 **인쇄** 삼조인쇄 **제본** 해피문화사

ⓒ 재능많은영어연구소·윤미영, 2024

ISBN 978-89-6591-578-2 64740
ISBN 978-89-6591-576-8 64740(세트)